（漢）鄭　玄　注
（唐）賈公彦　疏

# 宋本周禮疏

第八册

國家圖書館出

# 第八册目録

# 周禮䟽卷第二十七

唐朝散大夫行大學博士弘文館學士臣賈公彥等撰

小師掌教鼓鼗柷敔塤簫管弦歌注教瞽矇也出音曰鼓鼗如鼓而小持其柄搖之旁耳還自擊塤燒土為之大如鴈卵簫編小竹管如今賣飴餳所吹者弦謂琴瑟也歌依詠詩也鄭司農云柷如漆筩中有椎敔木虎也塤六孔管如篪六孔玄謂管如篴而小併兩而吹之今大子樂官有焉　釋曰鄭知教教瞽矇者案瞽矇所作樂器與此所要者同明此教教瞽矇也鄭知此經鼓非六鼓之鼓者案鼓人云掌教六鼓眡瞭職云掌大師之縣又云賓射皆奏其鍾鼓則六鼓鼓人教之眡瞭擊之非此小師教又瞽矇所作不言鼓明此鼓既在鼗巳下諸器之上是出聲為鼓也後鄭解鼗依漢法而知塤燒土為之大如鴈卵

先鄭云塤六孔者案廣雅云塤象秤錘以土爲之六孔故二鄭爲此解也云簫編小竹者案通卦驗云簫長尺四寸注云簫管形象鳥翼鳥爲火火成數七生數二二七一十四簫之長由此廣雅云簫大者二十四管小者十六管有底三禮圖云簫長尺四寸頌簫長尺二寸此諸文簫有長短不同古者有此制也云管如今賣飴餳所吹者先鄭云管如篪六孔案廣雅云管象簫長尺圍寸八孔無底八孔者蓋轉寫誤當從六孔爲正也云弦謂琴瑟也歌依詠詩也者謂工歌詩依琴瑟而詠之詩此即詩傳云曲合樂曰歌亦一也故鄉飲酒之屬升歌皆有瑟依詠詩也若不依琴瑟即爾雅徒歌曰謠也先鄭云柷狀如漆筩中有椎敔木虎者書云合止柷敔注云柷狀如漆筩而有椎合之者投椎其中而撞之敔狀如木虎背有刻所以鼓之以止樂爾雅注云柷如漆桶方二尺四寸深一尺八寸敔如伏虎背上有二十七鉏鋙刻以木長尺櫟之玄謂管如篴而小併兩而吹之今大子樂官有焉者觀後鄭意似不與諸家

同故引漢法大予樂官爲況也 大祭祀登歌擊拊 注亦自有拊擊之佐大師令奏
鄭司農云拊者擊石 釋曰鄭知小師亦自擊拊不共大
師同擊拊者見大師下管鼓𨋢此小師下管別自擊應鼙
不同明擊拊亦別可知但小師佐大師耳引先鄭拊爲擊
石者先鄭上注已解拊與擊同後鄭不從今引之在下者
以無正文引之或得爲一義故也 下管擊應鼓 注應鼙也應與𨋢及朔皆小鼓也其
所用別未聞 釋曰鄭知應是應鼙及有朔鼙者案大射
建鼓在阼階西南鼓應鼙在其東以是知應是應鼙彼又
云一建鼓在西階之西朔鼙在其北是知有朔鼙也知皆
小鼓者擊鼓者即事之漸先擊小後擊大故大射云應鼙
在其東朔鼙在其北鼙者皆在人右鄭彼注云便其先擊
小後鼙大既便其事是鼙皆小鼓也云其所用別未聞者
此上下祭祀之事有應有𨋢無朔大射有朔有應無𨋢凡
言應者應朔鼙祭祀既有應明有朔但無文不可強定之

故云用別未聞也**徹歌**注於有司徹而歌雍　釋曰鄭知徹祭器歌詩者見論語八佾云三家者以雍徹孔子云相維辟公天子穆穆奚取於三家之堂以三家無辟公助祭又無天子之容則諸侯亦不得用唯天子得用之是天子之容則徹器用徹詩故云歌雍也**大饗亦如之**釋曰其大饗饗諸侯之來朝者徹器亦歌雍若諸侯自相饗徹器即歌振鷺故仲尼燕居云大饗有四焉云徹以振羽振羽當爲振鷺是其事也**大喪與廞**注從大師　釋曰知從大師者見大師職云廞作匱謚此言與謂與在廞中明從大師也**凡小祭祀小樂事鼓𣫹**注如大師鄭司農云𣫹小鼓名**掌六樂聲音之節與其和**注和錞于　釋曰鄭知和是錞于者見鼓人云金錞和鼓故知和是錞于也

瞽矇掌播鼗柷敔塤簫管弦歌注播謂發揚其音

釋曰此八者皆小師敎此瞽矇令於作樂之時播揚以出聲也

諷誦詩世奠繫鼓琴瑟

釋曰諷誦詩謂於王喪將葬之時則使此瞽矇諷誦王治功之詩觀其行以作謚葬後當呼之云世奠繫者奠定也謂辨其昭穆以世之序而定其繫繫即帝繫世本是也鼓琴瑟者詩與世本二者雖不歌詠猶鼓琴瑟而合之以美之也

注鄭司農云諷誦詩主誦詩以刺君過故國語曰瞍賦矇誦謂詩也杜子春云帝讀爲定其字爲奠書亦或爲奠世奠繫謂帝繫諸侯卿大夫世本之屬是也小史王次序先王之世昭穆之繫述其德行瞽矇主誦詩并誦世繫以戒勸人君也故國語曰敎之世爲之昭明德而廢幽昏焉以怵懼其動玄謂諷誦詩主謂歛作柩謚時也諷誦王治功之詩以爲謚世之而定其繫謂書於世本也雖

不歌猶鼓琴瑟以播其美音之」釋曰案上注云背文曰諷以聲節之曰誦別釋之此總云闇讀之不依詠者語異義同背文與以聲節之皆是闇讀之不依琴瑟而詠也直背文闇讀之而已故雖有琴瑟猶不得爲曲合樂曰歌是以鄭云雖不歌猶鼓琴瑟以播其音美之也若然誦則以聲節之兼琴瑟則爲歌矣而得不爲歌者此止有諷而言誦者諷誦相將連言誦耳先鄭云諷誦詩主誦詩以刺君過并引國語皆是諫諍人君法度鄭不從而爲廞作柩謚時者以其與世繫連文皆是王崩後事不得爲諫諍是以大師廞作柩謚此瞽矇諷詩事相成故也子春與先鄭同但兼解世繫耳帝繫據王即經繫也諸侯卿大夫謂之世本即經世也云小史主次序先王之世昭穆之繫者小史職云奠繫世辨昭穆故知小史次序之云述其德行者取義於國語云爲之昭明德是也子春之意與先鄭同爲諫諍之事後鄭亦不從也國語者案楚語云莊王使士亹傅太子箴辭王卒使傅之問於申叔時申叔時曰敎之春秋

而爲之聲善而抑惡焉以戒勸之教之世而爲之昭穆德而廢幽昏焉以休懼其動注云先王之繫世本使知有德者長無德者短子春引之者證帝繫世本之事後鄭云世之而定其繫謂書於世本以世與繫爲一事解之又對文言之王謂之帝繫諸侯卿大夫謂之世本散則通故云書於世本世本即王帝繫也掌九德六詩之歌以役大師注役爲大師之使

眡瞭掌凡樂事播鼗擊頌磬笙磬釋曰案序官眡瞭三百人皆所以扶工以其扶工之外無事而兼使作樂故云掌凡樂事則播鼗已下至職末皆是也注視瞭播鼗又擊磬磬在東方曰笙笙生也在西方曰頌頌或作庸庸功也大射禮曰樂人宿縣于阼階東笙磬西面其南笙鍾其南鑮皆南陳又曰西階之西頌磬東面其南鍾其南鑮皆南陳釋曰云視瞭播鼗又擊磬者案小師教鼓鼗注云教教瞽矇瞽矇云掌播鼗今視瞭亦掌播鼗但有目不須小師教之耳故鄭云視瞭播鼗又擊磬是眡瞭兼

掌鼗也云磬在東方謂之笙笙生也在西方曰頌頌或云
庸庸功也者以東方是生長之方故云笙西方是成功之
方故云庸庸功也謂之頌者頌者美盛德之形容以其成
功告於神明故云頌言或作庸者尚書云笙庸以閒孔以
庸為大鍾鄭云庸即大射頌一也引大射者
證東方之磬為笙西方之磬為頌之事也 掌大師
之縣 注大師當縣則為之 釋曰案大司樂有宿縣之
事小胥正樂縣之差大師無縣樂之事此大師之
縣者大師掌六律六同五聲八音以其無目於音聲審本
職雖不言縣樂器文寄於此明縣之可知言當縣則為之
者以其有目故也 凡樂事相瞽 注相謂扶工 釋曰能其事
曰工故樂稱工是以儀禮鄉
飲酒鄉射燕禮大射皆言工相者以 大喪廞樂器大
視瞭有目瞽人無目須人扶侍故也
旅亦如之 注旅非常祭於時乃興造其樂器 釋曰大
喪廞樂器謂明器故檀弓云木不成斲瓦不

成味竹不成用琴瑟張而不平竽笙備而不和是沽而小
耳是臨時乃造之大旅非常祭亦臨時乃造故云亦如之
旅不用尋常祭器者以其旅是非常則其器亦
如明器沽而小故文承明器而云亦如之也 賓射
皆奏其鍾鼓 注擊鑮以奏之其登歌大師自奏之
釋曰鄭知擊鑮以奏之者見大師職云
下管令奏鼓鑮以其鍾鼓與管俱在下管既擊鑮令奏則
鍾鼓亦擊鑮奏之可知云其登歌大師自奏之者大師職
見大祭祀登歌擊拊雖不言賓射賓射登歌自然大師令
奏擊拊也若然大射之時鍾鼓眡瞭擊鑮登歌亦大師自
奏也 鼜愷獻亦如之 注愷獻功愷樂也杜子春讀鼜
爲憂戚之戚謂戒守鼓也擊鼓聲
疾數故曰戚 釋曰鼜謂夜戒守之鼓愷獻謂戰勝獻
俘之時作愷樂二者皆視瞭奏其鍾鼓故云亦如之也
典同掌六律六同之和以辨天地四方陰陽

之聲以爲樂器注陽聲屬天陰聲屬地天地之聲布於四方爲作也故書同作銅鄭司農云陽律以竹爲管陰律以銅爲管竹陽也銅陰也各順其性凡十二律故大師職曰執同律以聽軍聲玄謂律述氣者也同助陽宣氣與之同皆以銅爲　釋曰云陽聲屬天陰聲屬地天地之聲布於四方者此與同既云掌六律六同即覆云以辨天地四方陰陽之聲明天地四方陰陽之聲還是六律六同也但於十二辰在陽辰爲律屬天在陰辰爲同屬地十二律布在四方方有三也此即大師所云六律左旋六同右轉陰陽相合者也先鄭云陽律以竹爲管陰律以銅爲管竹陽也銅陰也各順其性弁大師執同亦爲銅字解之後鄭不從之故云律述氣者也同助陽宣氣與之同皆以銅爲之鄭知義然者案律歷志云律有十二陽六爲律陰六爲吕有三統之義焉其傳曰黄帝之所作也黄帝使泠綸自大夏之西應劭曰大夏西戎之國也崐崘之陰取竹之解谷孟康曰解脫也谷竹溝也取竹之

脁無簫節者也一說崐崘之北谷名也生其竅均厚者無
兩節間而吹之以爲黃鍾之宮制十二筩以聽鳳之鳴其
雄鳴爲六雌鳴亦六此則上古用竹又案律歷志云度者
分寸尺丈引也所以度長短也本起黃鍾之長一黍爲一
分十分爲寸十寸爲尺十尺爲丈十丈爲引而五度審
矣其法用銅是陽律用銅可知是後世用銅之明證也凡
聲高聲碮正聲緩下聲肆陂聲散險聲
斂達聲贏微聲韽回聲衍侈聲筰弇聲
鬱薄聲甄厚聲石注故書碮或作硍杜子春讀碮
爲鏗鎗之鏗高謂鍾形容高也
韽讀爲闇不明之闇筰讀爲行扈唶唶之唶石如磬石之
聲鄭大夫讀碮爲衮冕之衮陂讀爲人短罷之罷韽讀爲
鶉韽之韽鄭司農云鍾形下當踔正者不高不下鍾形上
下正傭玄謂高鍾形大上上大也高則聲上藏衮然旋如

裏正謂上下直正則聲緩無所動下謂鍾形大下下大也
下則聲出去放肆陂讀爲險陂之陂陂謂偏侈陂則聲離
散也險謂偏弇也險則聲斂不越也達謂其形微大也達
則聲有餘若大放也微謂其形微小也韽讀爲飛鉆涅韽
之韽韽聲小不成也回謂其形微圜也回則其聲淫衍無
鴻殺也侈謂中央約也侈則聲迫笮出去疾也弇謂中央
寬也弇則聲鬱勃不出也甄讀爲甄燿之甄甄猶掉也鍾
微薄則聲掉鍾大厚則如石叩之無聲　釋曰此十二種
並是鍾之病此職掌十二律之鍾是十二辰之零鍾非編
者直言病鍾者欲見除此病外即是鍾之善者故言病鍾
而已杜子春讀碮爲鏗鎗之鏗者讀從樂記鍾聲鏗鏗以
立號是鏗鎗之鏗後鄭不從又讀笮爲行扈唶唶之唶讀
從左氏傳少皞以鳥名官有行扈唶唶後鄭亦不從也云
石如磬石之聲者磬用石者故讀從磬聲後鄭增成之鄭
大夫讀碮爲袞冕之袞取音同後鄭從之陂讀爲人短罷
之罷從俗語讀之後鄭不從韽讀爲鶉韽之韽讀從孝經

編後鄭亦不從此讀鄭司農云下謂鍾形當曰後鄭不
從云正者不高不下鍾形上下正傭後鄭增成其義空[illegible]
高鍾形大上上大也高則聲上藏衮然旋如裹者言旋如
裹謂聲周旋如在裹云正謂上下直正則聲緩無所動者
由無鴻殺故也云下謂鍾形大下下大也下則聲出去放
肆者由下大故也鄭知上是上大下是下大者以其正是
上下直則上是上大下是下大可知故爲此解云陂讀爲
險陂之陂者讀從詩序險詖私謁之心陂是偏私之意故
爲偏侈也云險謂偏弇也者此險與陂相對陂既爲偏侈
故險爲偏弇也云達謂其形微大也者凡物大則疏達故
爲微大對高爲上大故此達爲微大微大則聲有餘若大
放也云微謂其形微小也者此微對達達爲微大則微爲
微小矣云韽讀爲飛鉗涅韽之韽者謂鬼谷子有飛鉗揣摩
之篇皆言從橫辯説之術飛鉗者言察是非語飛而鉗持
之揣摩者云揣人主之情而摩近之云韽聲小不成也者
飛鉗涅韽使之不語此鍾聲韽亦是聲小不成也云回謂

其形微圜也者凡鍾依鳧氏所作若鈴不圜今此回而微圜故聲滛衍無鴻殺也云侈謂中央約也者此非偏侈謂鍾口揔寬則聲迫筰出去疾由口寬故也云弇謂中央寬者此與侈相對侈既口揔寬則弇是口揔狹是中央寬也云弇則聲鬱勃不出也者由口籠故也云甄讀從甄燿之甄者讀從春秋緯甄燿度之篇名云甄猶掉也鍾微薄則聲掉者由薄故也云鍾大厚則如石者案鳧氏爲鍾云鍾已厚則石已薄則播是故大鍾十分其鼓閒以其一爲之厚小鍾十分其鉦閒以其一爲之厚是厚薄得中也

凡爲樂器以十有二律爲之數度以十有二聲爲之齊量　注數度廣長也齊量侈弇之所容　釋曰樂器據典同所作謂鍾也云以十有二律爲之度數者依律歷志云古之神瞽度律均鍾以律計倍半假令黃鍾之管長九寸倍之爲尺八寸又九寸得四寸半揔二尺二寸半以爲鍾口之徑及上下之數自外

十二辰頭皆以管長短計之可知故云度數廣長也廣則口徑長則上下也云以十有二聲爲之齊量者十二聲則十二辰零鍾鍾則聲也十二鍾皆有所容多少之齊量故云侈弇之所容者上文侈弇雖是鍾病所容多少則依法故舉侈弇見文而言也

凡和樂亦如之注和謂調其故器也釋曰鄭知調故器者上文凡爲樂器是新造者今更言和樂明是調故器知聲得否及容多少當依法度也

磬師掌教擊磬擊編鍾注教教視瞭也磬亦編於鍾言之者鍾有不編不編者鍾師擊之杜子春讀編爲編書之編釋曰鄭知教教視瞭者視瞭職云掌播鼗擊笙磬頌磬若然視瞭不言擊鍾知亦教視瞭擊編鍾者以磬是樂縣之首故特舉此言其實編鍾亦視瞭擊之故鎛師注云擊鍾者亦視瞭也云磬亦編於鍾言之者鍾有不編不編者鍾師擊之者鄭知鍾有不編者以此經云擊磬不言編則磬無不

編以其無可對故不言編鍾言編則對不編者故鄭云磬亦編於鍾言之者鍾有不編不編者鍾師自擊之也鄭必知鍾有不編使鍾師自擊者以其言教視瞭擊編鍾明不編者不教視瞭不教者自擊之可知是以鍾師云掌金奏又云以鍾鼓奏九夏明是鍾不編者十二辰零鍾也若書傳云左五鍾右五鍾也杜子春讀編爲編書之編者案史記孔子讀易韋編三絶是古者未有紙皆以韋編竹簡此鍾磬亦編之十六枚在一簴故讀從之也

**教縵樂燕樂之鍾磬** 注杜子春讀縵爲怠慢之慢玄謂縵讀爲縵錦之縵謂雜聲之和樂者也學記曰不學操縵不能安弦燕樂房中之樂所謂陰聲也二樂皆教其鍾磬 釋曰子春讀縵爲慢後鄭不從之也玄謂縵讀爲縵錦之縵者時有縵錦之言依俗讀之也云謂雜聲之和樂者也者謂雜弄調和引學記爲證案彼鄭注云操縵雜弄即今之調辭曲若不學調弦則不能安意於弦也云燕樂房中之樂者此即關雎二南也謂之

房中者房中謂婦人后妃以風喻君子之詩故謂之房中之樂 凡祭祀奏緩樂

鍾師掌金奏 注金奏擊金以爲奏樂之節金謂鍾及鎛 疏曰此即鍾師自擊不編之鍾凡作樂先擊鍾故鄭云金奏擊金以爲奏樂之節是以下云以鍾鼓奏九夏亦先云鍾也鄭云金謂鍾及鎛者以其二者皆不編獨縣而已 凡樂事以鍾鼓奏九夏王夏肆夏昭夏納夏章夏齊夏族夏祴夏鷔夏 注以鍾鼓者先擊鍾次擊鼓以奏九夏夏大也樂之大歌有九故書納作内杜子春云内當爲納祴讀爲陔鼓之陔王出入奏王夏尸出入奏肆夏牲出入奏昭夏四方賓來奏納夏臣有功奏章夏夫人祭奏齊夏族人侍奏族夏客醉而出奏陔夏公出入奏鷔夏肆夏詩也春秋傳曰穆叔如晉晉侯享之金奏肆夏三不拜工歌文王之三又不拜

歌鹿鳴之三三拜曰三夏天子所以享元侯也使臣不敢
與聞肆夏與文王鹿鳴俱稱三謂其三章也以此知肆夏
詩也國語曰金奏肆夏繁遏渠天子所以享元侯肆夏繁
遏渠所謂三夏矣吕叔玉云肆夏繁遏渠皆周頌也肆夏
時邁也繁遏執競也渠思文也肆遂也夏大也言遂於大位
謂王位也故時邁曰肆于時夏允王保之繁多也遏止也
言福禄止於周之多也故執競曰降福穰穰降福簡簡福
禄來反渠大也言以后稷配天王道之大也故思文曰思
文后稷克配彼天故國語謂之曰皆昭令德以合好也玄
謂以文王鹿鳴言之則九夏皆詩篇名頌之族類也此歌
之大者載在樂章樂崩亦從而亡是以頌不能具 釋曰
云以鍾鼓者先擊鍾次擊鼓者鍾師直擊鍾不擊鼓而兼
云鼓者凡作樂先擊鍾次擊鼓欲見鼓鍾先後次第故兼
言之也鍾中得奏九夏者謂堂上歌之堂下以鍾鼓應之
故左氏傳云晉侯歌鍾二肆亦謂歌與鍾相應而言也 云
夏大也者欲明此九夏者皆詩之大者故云樂之大歌有

九杜子春云祴讀爲陔鼓之陔者漢有陔鼓之法故樂師
先鄭云若今時行禮於大學罷出以鼓陔爲節故讀從之
大司樂文云四方賓來奏納夏臣有功奏章夏夫人祭奏
也云王出入奏王夏尸出入奏肆夏牲出入奏昭夏者皆
齊夏族人侍奏族夏者此四夏皆無明文或子春別有所
見故後鄭從之云賓醉而出奏陔夏者賓醉將出奏之恐
其失禮故陔切之使不失禮是以鄉飲酒鄉射燕禮大射
賓醉將出之時皆云奏陔云公出入奏驁夏者案大射云
公入奏驁夏是諸侯射於西郊自外入時奏驁夏不見出
時而云出者見樂師云行以肆夏趨以采茨出入禮同則
驁夏亦出入禮同故兼云出也此九夏者惟王夏惟天子
得奏諸侯已下不得其肆夏則諸侯亦得用故燕禮奏肆
夏大夫已下者不得故郊特牲云大夫之奏肆夏由趙文
子始明不合也其昭夏已下諸侯亦用之其驁夏天子大
射入時無文故子春取大射公入驁以明天子亦用也云
肆夏詩也者子春之意九夏皆不言詩是以解者不同故

杜注春秋云肆夏爲樂曲名今云肆夏詩則九夏皆詩後鄭從之春秋傳曰已下襄公四年傳文云俱稱三謂其三章者此皆篇而云章者子春之意以章名篇耳引國語曰金奏肆夏繁遏渠天子所以享元侯者歌詩尊卑各别若天子享元侯升歌肆夏頌合大雅享五等諸侯升歌大雅合小雅享臣子歌小雅合鄉樂若兩元侯自相享與天子享已同五等諸侯自相享亦與天子享已同諸侯享臣子亦與天子享臣子同燕之用樂與享同故燕禮燕臣子升歌鹿鳴之詩三篇襄四年晉侯享穆叔爲之歌鹿鳴云君所以嘉寡君是享燕同樂也云所謂三夏矣者即上引春秋肆夏三不拜三是三夏故云三夏呂叔玉者是子春引之者子春之意與叔玉同三夏並是在周頌篇故以時邁執競思文三篇當之後鄭不從者見文王大明緜及鹿鳴四牡皇皇者華皆舉見在詩篇名及肆夏與繁遏渠舉篇中義意故知義非也玄謂以文王鹿鳴言之則九夏皆詩篇名者以襄四年晉侯享穆叔奏肆夏與文王鹿鳴同時

而作以類而言文王鹿鳴等既是詩明肆夏之三亦是詩
也肆夏既是詩則九夏皆詩篇名也云頌之族類也者九
夏並是頌之族類也云此歌之大者以其皆稱夏也云載
在樂章者此九夏本是頌以其大而配樂歌之則爲樂章
載在樂章也云樂崩亦從而亡是以頌不能具者樂崩
在秦始皇之世隨樂而亡頌内無故云頌不能具也　凡
祭祀饗食奏燕樂　注以鍾鼓奏之　釋曰饗食謂
與諸侯行饗食之禮在廟故與
祭祀同樂故連言之知以鍾鼓奏之者以其鍾師奏
九夏用鍾鼓故知此燕樂亦用鍾鼓奏之可知也　凡
射王奏騶虞諸侯奏貍首卿大夫奏采蘋
士奏采蘩　釋曰言凡射射賓射等同用此爲射節故
言凡射人與樂師辨其節數於此見其作
樂人爲之故　注鄭司農云騶虞聖獸　釋曰案異義今詩
韓魯說騶虞天子掌鳥獸官古毛詩說騶
數職重言

虞義獸白虎黑文食自死之肉不食生物人君有至信之德則應之周南終麟止召南終騶虞俱稱嗟嘆之皆獸名謹案古山海經鄒書云騶虞獸説與毛詩同是其聖獸也

掌鼙鼓縵樂 注鼓讀如莊王鼓之鼓玄謂作縵樂擊鼙以和之 釋曰鼓讀如莊王鼓之鼓者讀從左氏傳莊王親鼓之鼓玄謂作縵樂擊鼙以和之者此官主擊鼙於磬師作縵樂則鍾師擊鼙以和之

笙師掌教歈竽笙塤籥簫篪篴管春牘應雅以教祴樂 注教教視瞭也鄭司農云竽三十六簧笙十三簧篪七空春牘以竹大五六寸長七尺短者一二尺其端有兩空髤畫以兩手築地應長六尺五寸其中有椎雅狀如漆筩而弇口大二圍長五尺六寸以羊韋鞔之有兩紐疏畫杜子春讀篴爲蕩滌之滌今時所吹五空竹篴玄謂籥如篴三空祴

樂祴夏之樂牘應雅教其舂者謂以築地笙師教之則三器在庭可知矣賔醉而出奏祴夏以此三器築地爲之行節明不失禮　釋曰此樂器瞽矇有視瞭無所以知不教瞽矇者案小師云教鼓鼗柷敔塤簫管弦歌注云教教瞽矇也以小師在瞽矇之上又瞽矇所作與小師同故知小師所教瞽矇笙師所教文在視瞭之下不可攝視瞭教瞽矇其視瞭雖不云其器明所教教視瞭也先鄭云竽三十六簧笙十三簧者案通卦驗竽長四尺二寸注云竽管類用竹爲之形參差象鳥翼鳥火禽火數七冬至之時吹之冬水用事水數六六七四十二竽之長蓋取於此也笙十三簧廣雅云笙以匏爲之十三管宮管在左方竽象笙三十六管宮管在中央禮圖云竽長四尺二寸此竽三十六簧與禮圖同云篪七空者廣雅云篪以竹爲之長尺四寸八孔一孔上出寸三分禮圖云篪九空司農云七孔蓋寫者誤當云八空也或司農別有所見云舂牘以竹大五六寸長七尺短者一二尺其端有兩空髹畫以兩手築地應

長六尺五寸其中有椎雅狀如漆筩而弇口大二圍長五尺六寸以羊韋鞔之有兩紐疏畫者此皆約漢法知之而言鄭注巾車髹赤多黑少之色疏畫者長疏而畫之子春讀祴爲蕩滌之滌讀從郊特牲臭味未成滌蕩其聲之滌云今時所吹五空竹篴後鄭從之也玄謂祴樂祴夏之樂者以其鍾師有祴夏此祴樂與之同故知此所教祴樂是鍾師所作祴夏者也云笙師教之則三器在庭可知矣者以其笙管在堂下近堂則三者亦在堂下遠堂在庭可知云賓醉而出奏祴夏者此則鄉飲酒及鄉射之等賓出奏陔是也云以此三器築地爲之行節明不失禮者三器言舂舂是向下之稱是其築地與祴樂連文明與祴樂爲節可知也經中樂器不解塤與簫管者上文已釋也

**凡祭祀饗射共其鍾笙之樂**注鍾笙與鍾聲相應之笙　釋曰鄭爲此解者以其笙師不掌鍾而兼言鍾故知義然也

**燕樂亦如之**釋曰言亦如之者謂作燕樂亦

如上共其鍾笙之樂也大喪廞其樂器及葬奉而藏之注廞興也興謂作之奉猶送釋曰此所興作即上竽笙巳下皆作之送之於壙而藏之也大旅則陳之注陳於饌處而已不涖其縣釋曰此經直言陳之明陳於饌處而已不臨其縣其臨縣者大司樂故大司樂云大喪臨廞樂器注云臨笙師鎛師之屬是也

鎛師掌金奏之鼓釋曰鎛師不自擊鎛使視瞭擊之但擊金奏之鼓耳注謂主擊晉鼓以奏其鍾鎛也然則擊鎛者亦視瞭釋曰知金奏之鼓是主擊晉鼓者鼓人職云以晉鼓鼓金奏故知之也金奏謂奏金金即鍾鎛鍾鎛以金爲之故言金云然則擊鎛者亦視瞭者案視瞭職云樂作擊編鍾不言鎛鎛與鍾同類大小異耳既擊鍾明亦擊鎛故云亦視瞭也凡祭祀鼓其金奏之樂

饗食賓射亦如之軍大獻則鼓其愷樂

凡軍之夜三鼜皆鼓之守鼜亦如之　釋曰

云鼓其金奏之樂者金奏之樂者即入音是也亦以晉鼓鼓之饗食謂饗食來朝諸侯賓射亦謂與來朝諸侯射於朝皆鼓其金奏之鼓也軍大獻謂獻捷於祖作愷歌亦以晉鼓鼓之云凡軍之夜三鼜皆鼓之守鼜亦如之者亦鼓之注守鼜備守鼓也鼓之以鼜鼓杜子春云一夜三擊備守鼜也春秋傳所謂賓將趨者音聲相似　釋曰鄭知用鼜鼓者鼓人職云鼜鼓鼓軍事此並軍事故知用鼜鼓也子春云一夜三擊備守鼜也者鼓人注引司馬法云昏鼓四通爲大鼜夜半三通爲晨戒旦明五通爲發昫是一夜三擊備守鼜也春秋傳者昭三十年衛侯如死鳥齊侯使公孫青聘衛賓將掫注云掫謂行夜子春云賓將趨讀人音異云音聲相似者趨與鼜音聲相似皆是夜戒守

也大喪廞其樂器奉而藏之釋曰此官所廞謂作晉鼓鼗鼓而已以其當職所擊者也

韎師掌教韎樂祭祀則帥其屬而舞之注舞之以東夷之舞　釋曰知舞之以東夷之舞者以其專主夷樂則東夷之樂曰韎是也凡舞夷樂皆門外爲之

大饗亦如之

旄人掌教舞散樂舞夷樂釋曰云掌教舞散樂舞夷樂者旄人教夷樂而不掌鞮鞻氏掌四夷之樂而不教二職互相統耳旄人加以教散樂鞮鞻氏不掌之也注散樂野人爲樂之善者若今黃門倡矣自有舞夷樂四夷之樂亦皆有聲歌及舞　釋曰云散樂野人爲樂之善者以其不在

官之貟內謂之爲散故以爲野人爲樂善者也云若今黃
門倡矣者漢倡優之人亦非官樂之內故舉以爲說也云
夷樂四夷之樂者即孝經緯云東夷之樂曰韎南夷之樂
曰任西夷之樂曰株離北夷之樂曰禁知亦皆有聲歌及
舞者此經有舞下鞮鞻氏云
掌四夷之樂爲其聲歌是也 凡四方之以舞仕者屬
焉 釋曰云凡四方之以舞仕者屬焉者此即野
人能舞者屬旄人選舞人當於中取之故也 凡祭
祀賓客舞其燕樂 釋曰賓客亦謂饗燕時舞其
燕樂謂作燕樂時使四方舞
士舞之
以夷樂

籥師掌教國子舞羽龡籥 注文舞有持羽吹
籥者所謂籥舞也 釋
文王世子曰秋冬學羽籥詩云左手執籥右手秉翟
曰此籥師掌文舞故教羽籥若武舞則教干戚也故云文

舞有持羽吹籥者也云所謂籥舞也者所謂詩頌籥舞笙鼓彼亦文舞也文王世子曰秋冬學羽籥彼對春夏學干戈陽時學之法陽動秋冬學羽籥陰時學之法陰靜詩云左手執籥右手秉翟者邶風簡兮之篇引此二文者謟皆文舞所執之器也此官所敎當樂師敎小舞互相足故文王世子云小樂正學干大胥贊之籥師學戈籥師丞贊之注云四人皆樂官之屬也通職秋冬亦學以羽籥小樂正樂師也

**祭祀則鼓羽籥之舞**注鼓之者恒為之節 釋曰祭祀先作樂下神及合樂之時則使國子舞鼓動以羽籥之舞與樂節相應使不相奪倫故鄭云鼓之者恒為之節

**賓客饗食則亦如之**釋曰亦鼓之以羽籥之舞與祭祀同以其俱在廟故樂亦同也

**大喪廞其樂器奉而藏之**釋曰此所廞作惟羽籥而已不作餘器

籥章掌土鼓豳籥注杜子春云土鼓以瓦爲匡以革爲兩面可擊也鄭司農云豳籥豳國之地竹豳詩亦如之玄謂豳籥豳人吹籥之聲章明堂位曰土鼓蒯桴葦籥伊耆氏之樂釋曰子春云土鼓以瓦爲匡以革爲兩面可擊也後鄭不從者土鼓因於中古神農之器黃帝已前未有瓦器故不從也先鄭云豳籥豳國之地竹豳詩亦如之後鄭不從者案下文吹豳詩吹豳雅吹豳頌更不見豳籥則是籥中吹豳詩及雅頌謂之豳籥何得有豳國之地竹乎若用豳國之地竹當云之籥故後鄭云豳人吹籥之聲章云豳人吹籥其義難明謂作豳人吹笙籥之聲章商祝夏祝之類聲章即下文豳詩之等是也明堂位曰土鼓蒯桴葦籥伊耆氏之樂者鄭注禮運云土鼓築土爲鼓也蒯桴桴謂擊鼓之物以土塊爲桴引之者破子春土鼓用瓦

中春晝擊土鼓龡豳詩以逆暑釋曰中春二月也言迎暑者謂中春晝夜

等已後漸暄故預迎之耳注豳詩豳風七月也吹之者以籥爲之聲七月言寒暑之事迎氣歌其類也此風也而言詩詩揔名也迎暑以晝求諸陽　釋曰鄭知吹之者以籥爲之聲者以發首云掌土鼓豳籥故知詩與雅頌皆用籥吹之也云七月言寒暑之事者七月云一之日觱發二之日栗烈七月流火之詩是寒暑之事云迎氣歌其類也者解經吹豳詩逆暑及下迎寒皆當歌此寒暑之詩也云此風也而言詩詩揔名也者對下有雅有頌即此是風而言詩揔名含豳風矣故云詩不言風也迎暑以晝求諸陽者對下迎寒以夜求諸陰也

中秋夜迎寒亦如之　注迎寒以夜求諸陰亦如之亦當擊土鼓歛豳詩也　釋曰言

凡國祈年于田祖歛豳雅擊土鼓以樂田畯　釋曰此祈年於田祖井上迎暑迎寒並不言有祀事既告神當有祀事可知但以告祭非常故不言之耳若有禮物不過如祭法埋

少牢之類耳此田祖與田畯所祈當同曰但位別禮殊樂則同故連言之也注祈年祈豐年也田祖始耕田者謂神農也爾雅亦七月也七月又有于耜舉趾饁彼南畝之事是亦歌其類謂之雅者以其言男女之正鄭司農云田畯古之先教田者爾雅曰畯農夫也　釋曰祈年祈豐年也者義取小祝求豐年俱是求甘雨使年豐故引彼解此也云田祖始耕田者謂神農也者此即郊特牲云先嗇一也故甫田詩云琴瑟擊鼓以御田祖以祈甘雨以介我稷黍毛云田祖先嗇也云七月又有于耜舉趾饁彼南畝之事是亦歌其類者案彼七月云三之日于耜四之日舉趾同我婦子饁彼南畝田畯至喜並次在寒暑之下彼爲風此爲雅者也云謂之雅者以其言男女之正者先王之業以農爲本是男女之正故名雅也司農云田畯古之先教田者此即月令命田舍東郊鄭云田謂田畯是也爾雅曰畯農夫也者以其教農故號農夫

國祭蜡則龡豳頌擊土鼓以

**息老物** 釋曰此祭蜡直擊土鼓案明堂位云土鼓葦籥伊耆氏之樂即此亦各有葦籥可知言以息老物者謂息田 **注** 故書蜡爲蠶杜子春云蠶當爲蜡郊特牲夫萬物也 曰天子大蜡八伊耆氏始爲蜡歲十二月而合聚萬物而索饗之也蜡之祭也主先嗇而祭司嗇也黄衣黄冠而祭息田夫也旣蜡而收民息已玄謂十二月建亥之月也求萬物而祭之者萬物助天成歲事至此爲其老而勞乃祀而老息之於是國亦養老焉月令孟冬勞農以休息之是也豳頌亦七月也七月又有穫稻作酒躋彼公堂稱彼兕觵萬壽無疆之事是亦歌其類也謂之頌者以其言歲終人功之成 釋曰子春引郊特牲後鄭從之增成其義耳故還引郊特牲而解之云求萬物而祭之者即合聚萬物而索饗之是也云乃祀而老息之者老即老物蜡祭是也息之者即息田夫臘祭宗廟是也云於是國亦養老焉者即所引月令孟冬勞農以休息之是也云豳頌亦七月也七月又有穫稻作酒等至之事是亦歌其

類也者其類謂穫稻已下是也云謂之頌者以其言歲終人功之成者凡言頌者頌美成功之事故於七月風詩之中亦有雅頌也鄭注郊特牲云歲十二月周之正數故此鄭云建亥解之知非夏十二月者以其建亥萬物成故月令祈來年及臘先祖之等皆在孟冬月是十二月據周於夏爲建亥十月也

鞮鞻氏掌四夷之樂與其聲歌

注四夷之樂東方曰韎南方曰任西方曰株離北方曰禁詩云以雅以南是也王者必作四夷之樂一天下也言與其聲歌則云樂者主於舞

釋曰四夷樂名出於孝經緯鉤命决故彼云東夷之樂曰韎持矛助時生南夷之樂曰任持弓助時養西夷之樂曰株離持鉞助時殺北夷之樂曰禁持楯助時藏皆於四門之外右辟是也案明堂位亦有東夷之樂曰昧南夷之樂曰任又案虞傳云陽伯之樂舞株離則東夷之樂亦名株離者東夷樂有二名亦名株離鄭注云株離舞曲名言象

萬物生株離若詩云彼黍離離是物生亦曰離云王者必作四夷之樂一天下也者案白虎通云王者制夷狄樂不制夷狄禮者所以均中國不制禮恐夷人不能隨中國禮也四夷之樂誰謂舞使國之人也云與其聲歌則云樂者主於舞者凡樂止有聲歌及舞既下別云聲歌明上云樂主於舞可知也案月令仲春云命樂正入學習樂注云歌與八音知非舞以其下季春云大合樂明所合多故知非直舞而有歌與八音也

**祭祀則龡而歌之燕亦如之**注吹之以管籥為之聲　釋曰知吹之以管籥為之聲者以其歌者在上管籥在下既言吹之用氣明據管籥為之聲可知是以笙師教吹籥管之等

**典庸器掌藏樂器庸器**注庸器伐國所獲之器若崇鼎貫鼎及以其兵物所鑄銘也　釋曰庸功也言功器者伐國所獲之器也云若崇鼎貫鼎者明堂位文云及以其兵物所鑄銘

也者謂左氏傳季氏以所得齊之兵作林鍾而銘魯功是經中樂器也彼旣譏其非時征伐又藉晉之功引之取一邊證鑄作銘功之事耳**及祭祀帥其屬而設筍虡陳庸器**注設筍虡視瞭當以縣樂器焉陳功器以華國也杜子春云筍讀爲博選之選橫者爲筍從者爲鐻　釋曰鄭知此設筍虡視瞭當以縣樂器焉者案視瞭職云掌大師之縣此直云設筍虡明是視瞭縣之可知子春云筍讀爲博選之選者此當俗讀當時語昔有博選之言故讀從之也**饗食賓射亦如之**

**大喪廞筍虡**注廞興也興謂作之　釋曰案檀弓有鍾磬而無筍虡鄭注云不縣之彼鄭注見此文有筍虡明有而不縣以喪事略故也

**司干掌舞器**注舞器羽籥之屬　釋曰鄭知司干所掌舞器是羽籥以其文武之舞所

執有異則二者之器皆司干掌之言司干者周尚武故以干爲職首其籥師教而不掌若然干與戈相配不言戈者下文云祭祀授舞器則所授者授干與羽籥也案司戈盾亦云祭祀授旅賁殳故士戈盾授舞者兵云舞者兵惟謂戈其干亦於此官授之司兵云祭祀授舞者兵鄭注云授以朱干玉戚謂授大武之舞與此授小舞干戈別也

**祭祀舞者既陳則授舞器既舞則受之**注既已也受取藏之**賓饗亦如之大喪廞舞器及葬奉而藏之**釋曰此官云干盾及羽籥及其所廞廞干盾而已其羽籥籥師廞之故其職云大喪廞其樂器及葬奉而藏之其視瞭所廞者謂鼓與磬鍾師不云廞則鍾亦視瞭廞之如是瞽矇及大師小師皆不云廞者以其無目其瞽矇所云柷敔塤簫管及琴瑟皆當視瞭廞之不云奉而藏之文不具笙師云竽笙巳下則笙師自廞

之故其職云廞藏鎛師云擊晉鼓則晉鼓鎛師廞之其兵舞所廞入五兵中故司兵云大喪廞五兵凡廞樂器皆大司樂臨之故其職云大喪臨廞樂器典同不云廞者以其律吕與鍾器等爲制度不掌成器故不云廞韎師旄人鞮鞻氏等不云廞者死後無一天下之事故不云廞也典庸器不云廞者以其庸器非常故不廞也以其樂師非一故諸官各廞不同

周禮疏卷第二十七

周禮疏卷第二十八

唐朝散大夫行大學博士弘文館學士臣賈　彥等撰

大卜掌三兆之灋一曰玉兆二曰瓦兆三曰原兆釋曰大卜所掌先三兆後三易次三夢者簭短龜長夢以叶卜簭故以先後爲次注兆者灼龜發於火其形可占者其象似玉瓦原之璺罅是用名之焉上古以來作其法可用者有三原原田也杜子春云玉兆帝顓頊之兆瓦兆帝堯之兆原兆有周之兆釋曰云兆者灼龜發於火者此依下文菙氏云凡卜以明火爇燋遂龡其焌契是以火灼龜其兆發於火也云其形可占者則占人云君占體大夫占色之等彼不云占玉瓦原體色中含之是其形可占也云象似玉瓦原之璺罅謂破而不相離也謂似玉瓦原之破裂或解以爲玉瓦原之色云是用名之焉者謂用

是似玉瓦原名之爲玉兆瓦兆原兆也云上古以來作其
法可用者有三者但卜筮是先聖王之所作蓋伏犧時已
有其時未有此玉瓦原之名至顓頊以來始有此名故云
然也云原原田也者謂若左氏信二十八年傳云原田每
每以其原與原田字同故爲此傳解也子春云玉兆帝顓
頊之兆瓦兆帝堯之兆原兆有周之兆者趙商問此并問
杜子春何由知之鄭荅云此數者非無明文改之無據故
下文子春云連山宓戲歸藏黃帝今當從此說以不敢問
著子春說而已近師皆以爲夏殷周鄭既爲此說故易贊
云夏曰連山殷曰歸藏又注禮運云其書存者有歸藏如
是玉兆爲夏瓦兆爲殷可知是皆從近師之說也案今歸
藏坤開筮帝堯降二女以舜妃又見節卦云殷王其國常
毋谷若然依子春之說歸藏黃帝得有帝堯及殷王之事
者蓋子春之意宓戲黃帝造其名夏殷因其名以作易故
鄭云改之無據是以皇甫謐記亦云夏人因炎帝曰連山
殷人因黃帝曰歸藏雖炎帝與子春黃帝不同是亦相因

之義也

其經兆之體皆百有二十其頌皆千有二百

釋曰云經兆者謂龜之正經云體者謂龜之金木水火土五兆之體云經兆之體名體爲經也云皆百有二十者三代皆同百有二十若經卦皆八然也若然龜兆有五而爲百二十者則兆別分爲二十四分云其頌千有二百者每體十繇故千二百也

注 頌謂繇也三法體繇之數同其名占異耳百二十每體十繇體有五色又重之以墨坼也五色者洪範所謂曰雨曰濟曰圛曰蟊曰剋

釋曰云頌謂繇者繇之說兆若易之說卦故名占兆之書曰繇云三法體繇之數同者上云三代兆有異此云皆百有二十皆千有二百故云體繇之數同也云其名占異者上云玉瓦原是名異其云占異者三代占兆無文異否不可知但三易名異占亦異則三兆名異占亦異可知故鄭云名占異也云百二十每體十繇者此鄭欲解體有百二十而繇有千二百之意體旣有百二十每體十繇則得千有二

百也云體有五色又重之以墨坼也者案占人云君占體大夫占色史占墨卜人占坼彼注云體兆象色兆氣墨兆廣坼兆璺若然體色墨坼各不同今鄭云體有五色又重之以墨坼則四者皆相因而有也何者以其有五行兆體體中有五色既有體色則因之以兆廣狹爲墨又因墨之廣狹支分小璺爲坼是皆相因之事也今每體有十繇其體有五色曰雨曰濟之等其色統得體每色皆有墨坼則五色中各有五墨坼含得五色不復別云五色似若八卦卦別重得七通本爲八卦摠云八八六十四卦不復別云八卦以其六十四卦含有八卦故也云洪範所謂曰雨曰濟曰圛曰蟊曰尅者彼鄭注云曰雨者兆之體氣如雨氣然曰濟者兆之光明如雨止曰蟊者氣不澤鬱冥也曰圛者色澤者曰尅者氣色相犯入此鄭義若孔注則云有似雨者有似雨止者蟊謂陰闇圛氣落驛不連屬尅兆相交錯與鄭異也

掌三易之灋一曰連山二曰歸藏三曰

周易注易者揲蓍變易之數可占者也名曰連山似山出内氣也歸藏者萬物莫不歸而藏於其中杜子春云連山宓戲歸藏黃帝　釋曰云易者揲蓍變易之數可占者也者案易繫辭云分之爲二以象兩掛一以象三揲之以四以象四時歸奇於扐以象閏此是揲蓍變易之數可占者也就易文卦畫七八爻稱九六用四十九蓍三多爲交錢六爲老陰也三少爲重錢九爲老陽也兩多一少爲單錢七爲少陽也兩少一多八爲少陰也夏殷易以七八不變爲占周易以九六變者爲占案襄九年左傳云穆姜薨於東宫始往而筮之遇艮之八注云爻在初六九三六四六五上九唯六二不變連山歸藏之占以不變者爲正但周易占九六而云遇艮之八是據夏殷不變爲占之事云名曰連山似山出内氣也者此連山易其卦以純艮爲首艮爲山山上山下是名連山雲氣出内於山故名易爲連山歸藏者萬物莫不歸而藏於其中者此歸藏易以純坤爲首坤爲地故萬物莫不歸而藏於中故名爲歸藏也鄭

雖不解周易其名周易者連山歸藏皆不言地號以義名
易則周非地號以周易以純乾爲首乾爲天天能周帀於
四時故名易爲周也必以三者爲首者取三正三統之義
故律歷志云黃鍾爲天統黃鍾子爲天正林鍾爲地統未
之衝丑故爲地正大蔟爲人統寅爲人正周以十一月爲
正天統故以乾爲天首殷以十二月爲正地統故以坤爲
首夏以十三月爲正人統人無爲卦首之理艮漸正月故
以艮爲首也杜子春云連山宓戲歸藏黃帝者鄭志荅趙
商云非無明文改之無據且
從子春近師皆以爲夏殷也　**其經卦皆八其別皆六**
**十有四**　釋曰云經卦皆八者謂以卦爲經即易上經下
經是也皆八者連山歸藏周易皆以八卦乾坤
震巽坎離艮兌爲本其別六十四鄭云三易卦別之數
謂重之數通本相乘數之爲六十四也　**注**亦同其名占異
也每卦八別者重之數　釋曰云三易卦別之數亦同者
三代易之卦皆八而別皆六十四亦如上三兆體別之數

故云亦同云其名占異也者其名謂連山歸藏周易是名
異也占異者謂連山歸藏占七八周易占九六是占異也
云每卦八別者重之數者據周易以八卦爲本是八卦重
之則得六十四何者伏犧本畫八卦直有三爻法天地人
後以重之重之法先以乾之三爻爲下體上加乾之三爻
爲純乾卦又以乾爲下體以坤之三爻加之爲泰卦又以
乾爲本上加震之三爻於上爲大壯卦又以乾爲本上加
巽於上爲小畜卦又以乾爲本上加坎卦於上爲需卦又
以乾爲本上加離卦於上爲大有卦又以乾爲本上加艮
於上爲大畜卦又以乾爲本加兌卦於上爲夬卦此是乾
之一重得七爲八又以坤之三爻爲本上加坤爲純坤卦
又以坤爲本上加乾爲否卦又以坤爲本上加震爲豫卦
又以坤爲本上加巽爲觀卦又以坤爲本上加坎爲比卦
又以坤爲本上加離爲晉卦又以坤爲本上加艮爲剝卦
又以坤爲本上加兌爲萃卦是亦通本爲八卦也自震巽
坎離艮兌其法皆如此則爲八八六十四故鄭云別者重

之數後鄭等以爲伏犧畫八卦神農重之諸家以爲伏犧畫八卦還自重之

掌三夢之灋一曰致夢二曰觭夢三曰咸陟 注夢者人精神所寤可占者致夢言夢之所至夏后氏作焉咸皆也陟之言得也讀如王德翟人之德言夢之皆得周人作焉杜子春云觭讀爲奇偉之奇其字直當爲奇玄謂觭讀如諸戎掎之掎掎亦得也亦言夢之所得殷人作焉

釋曰云夢者人精神所寤可占者謂人之寐形魄不動而精神寤見覺而占之故云精神所寤可占者也云致夢言夢之所至者訓致爲至故云夢之所至也云夏后氏作焉者近師所說此三夢子春等不說故即從近師爲夏殷周也云上文三兆三易有子春所解且從子春至於餘文正解即從讀如王德翟人之德者案僖二十四年左傳云王德翟人以其女爲后德亦爲得義故讀從之故杜子春讀觭爲奇偉之奇讀從家語玄謂觭讀如諸戎掎之掎掎亦得也者案襄十四年左傳云戎子駒支曰秦師不復我諸戎實然譬如捕鹿晉人角之諸戎掎之

是掎爲得也

其經運十其別九十注運或爲緷當爲煇是視祲所掌十煇也王者於天日也夜有夢則晝視日旁之氣以占其吉凶凡所占者十煇每煇九變此術今亡　釋曰運或作緷者此經運一部周禮或作緷字並不從故云當爲煇讀從視祲十煇之煇故引視祲所掌十煇爲證也云王者於天日也夜有夢則晝視日旁之氣以占其吉凶者此案占夢云以日月星辰占六夢之吉凶注引趙簡子夜夢旦而日食史墨占之又視祲有十煇之法五曰闇先鄭云謂日月食餘九煇皆日旁氣故以日旁氣解之云凡所占者十煇每煇九變者此類上三兆三易皆有頌別之數此經煇十其別有九十以義言之明一煇九變故爲九十解之云此術今亡者數見十煇爲九十變此術今亡未知其義耳

以邦事作龜之八命一曰征二曰象三曰與四曰謀五曰果六曰至七曰雨

八曰瘳釋曰云以邦事者謂國家有大事須卜故特作龜而命之其事有八注國之大事待蓍龜而決者有八定作其辭於將卜以命龜也鄭司農云征謂征伐人也象謂災變雲物如衆赤鳥之屬有所象似易曰天垂象見吉凶春秋傳曰天事恒象皆是也與謂予人物也謀謂謀議也果謂事成與不也至謂至不也雨謂雨不也瘳謂疾瘳不也玄謂征亦云行巡守也象謂有所造立也易曰以制器者尚其象與謂所與共事也果謂以勇決爲之若吳伐楚楚司馬子魚卜戰令龜曰鮒也以其屬死之楚師繼之尚大克之吉是也　釋曰云國之大事待蓍龜而決者有八者謂此八者皆大事除此八者即小事入於九筮也若然大事卜小事筮此既大事而兼言筮者凡大事皆先筮而後卜故兼言蓍也云定作其辭於將卜以命龜也者凡命龜辭大夫已上有三命筮辭有二士命龜辭有二命筮辭一知者案士喪禮命筮者命曰哀子某爲其父某甫筮宅度茲幽宅兆基無有後艱筮人許諾不述命

注云旣命而申之曰述不述者士禮略凡筮因會命筮爲述命乃卜葬日云涖卜命曰哀子某來日某卜葬其父某甫考降無有近悔許諾不述命還即席乃西面坐命龜注云不述命亦士禮略凡卜述命命龜異龜重威儀多也命筮云不述下無西面命筮明命共述命作一辭不述命則其所命龜筮辭兼在其中故曰因命也卜云不述命猶有西面命龜則知命龜與述命異故曰述命命龜異龜重威儀多是士禮命龜辭有二命筮辭有一之事大夫已上命筮辭有二令龜辭有三者案少牢云史執筴受命於主人曰孝孫某來日丁亥用薦歲事於皇祖伯某以某妃配某氏尚饗史曰諾又述命曰假爾大筮有常孝子某已下與前同以其述命述前辭以命筮冠述命首大夫筮旣得述命即卜亦得述命也是知大夫以上命龜有三命筮有二也先鄭云征謂征伐人也後鄭從之云象謂災變雲物如衆赤鳥之屬有所象似者案哀六年楚子卒是歲有雲如衆赤鳥夾日以飛三日使問諸周大史史曰其當王身乎

若禜之可移令尹司馬是赤鳥之事云易曰天垂象見吉凶春秋傳曰天事恒象者昭十七年冬有星孛於大辰西及漢申須曰彗所以除舊布新也天事恒象是也此所解後鄭不從之與謂予人物後鄭亦不從云謀謂謀議後鄭從之果謂事成與不後鄭亦不從云至謂至不也雨謂雨不也瘳謂疾瘳不也此後鄭皆從也玄謂征亦云行巡守也者增成先鄭義知征兼有巡守者左氏傳鄭良霄云先王卜征五年歲襲其祥是征亦得爲巡狩之事也云易曰以制器者尚其象者上繫辭文注云此者存於器象可得而用一切器物及造立皆是云與謂所與共事不從先鄭予人物者與物情義可知不須卜與人共事得失不可知故須卜也云果謂以勇決爲之若吳伐楚者昭十七年吳人伐楚陽匄爲令尹卜戰不吉司馬子魚曰我得上流何故不吉且楚故司馬令龜我請改卜令曰魴也以其屬死之楚師繼之尚大克之吉戰于長岸子魚先死楚師繼之大敗吳師是果決之事也

以八命者贊

三兆三易三夢之占以觀國家之吉凶以詔救
政 釋曰云以八命者贊三兆三易三夢之占者以上文八
事命龜之辭贊佐也佐明三兆三易三夢之占辭將此
辭演出其意以觀國家之吉凶詔告 注鄭司農云以此八
也凶則告凶救其政使王改過自新 事命卜筮著龜參
之以夢故曰以八命者贊三兆三易三夢之占春秋傳曰
筮襲於夢武王所用玄謂贊佐也詔告也非徒占其事吉
則爲否則止又佐明其繇之占演其意以視國家餘事之
吉凶凶則告王救其政 釋曰先鄭云以此八事命卜筮
著龜參之以夢者先筮後卜聖人有大事必夢故又參之
以夢云故曰以八命者贊三兆三易三夢之占者此先鄭
不釋贊意後鄭增成其義云春秋傳曰筮襲於夢武王所
用者案昭七年左傳云衞靈公之立成子以周易筮之遇
屯之比以示史朝史朝曰元亨又何疑焉又云筮襲於夢
武王所用也弗從何爲外傳曰大誓曰朕夢協朕卜襲於

依祥戎商必克此外內傳相包乃具引之者證夢與卜筮相參也玄謂非徒占其事吉則爲否則止者此解以八命命龜之常事也云又佐明其繇之占演其意以視國家餘事之吉凶者以釋八命者贊三兆三易三夢之占以觀國家之吉凶也

**凡國大貞卜立君卜大封則眡高作龜**

釋曰言凡國大貞者言凡非一貞正也凡國家有大事正問於龜之事有二則卜立君卜大封是也云則眡高作龜者凡卜法在禰廟廟門閾外閾西南北面有席先陳龜於廟門外之西塾上又有貞龜貞龜謂正龜於閾外席上又有涖卜命龜眡高作龜六節尊者宜逸卑者宜勞從下向上差之作龜眡高二者勞事以大貞事大故大卜身爲勞事則大宗伯臨卜其餘陳龜貞龜皆小宗伯爲之也

**注** 卜立君君無冢適卜可立者卜大封謂竟界侵削卜以兵征之若魯昭元年秋叔弓帥師疆鄆田是也視高以龜骨高者可灼處示宗伯也大封宗伯涖卜卜用龜之腹骨骨

近足者其部高鄭司農云貞問也國有大疑問於蓍龜作
龜謂鑿龜令可爇也玄謂貞之爲問問於正者必先正之
乃從問焉易曰師貞丈人吉作龜謂以火灼之以作其兆
也春灼後左夏灼前左秋灼前右冬灼後右士喪禮曰宗
人受卜人龜示高涖卜受視反之又曰卜人坐作龜釋
曰鄭云君無冢適卜可立者若然君無冢適則有卜法案
昭二十六年王后無適則擇立長年鈞以德德鈞以卜王
不立愛公卿無私古之制也休以爲春秋之義三代異建
適勝別貴賤有姪娣以辨親疏立適以長不以賢立子以
貴不以長王后無適明尊之敬之義無所卜筮不以賢者
人狀難別嫌有所私故絶其怨望防其覬覦今如左氏言
云年鈞以德德鈞以卜君之所賢下必從之豈復有卜隱
桓之禍皆由是興乃曰古制不亦謬哉又大夫不世如并
爲公卿適計嗣之禮左氏爲短玄箴之曰立適固以長矣
無適而立子固以貴矣今言無適則擇立長謂貴均如立
長王不特立愛之法年均則會羣臣羣吏萬民如詢之有

司以序進而問大衆之中非君所能掩是王不得立愛之
法也禮有詢立君示義在此是之言謬失春秋與禮之義
矣公卿之出立者有功德先王之命有所不犯如是此中
卜立君亦是年鈞德鈞也云卜大封謂竟界侵削卜以兵
征之若魯昭元年秋叔弓帥師疆鄆田是也案彼莒魯爭
鄆故魯叔弓往定其疆界以其出兵故須卜知吉凶也云
視高以龜骨高者可灼處示宗伯也者以鄭言示宗伯則
示字不得爲視但古字通用以目視物以物示人同爲視
也知大事宗伯臨卜者案大宗伯云祀大神享大鬼祭大
示帥執事而卜日官尊故知涖卜也云大事宗伯臨則小
事不使宗伯故下文云凡小事涖卜是大卜臨之也云上
用龜之腹骨骨近足者其部高者言龜近四足其卜處骨
部然而可高處灼之也先鄭云貞問也者謂正意問龜非
謂訓貞爲問也云國有大疑問於蓍龜者義取尚書洪範
云女則有大疑謀及乃心謀及卜筮是也云作龜謂鑿龜
可爇也者案下華氏云凡卜以明火爇燋鑿即灼也故

云令可褻也玄謂易曰師貞丈人吉者此師卦繇辭丈人
者嚴莊之辭則法須嚴莊則吉云作龜謂以火灼之以作
其兆也者作謂發使璺坼云春灼後左已下並取義於禮
記中庸故彼云國家將興亡見於蓍龜動於四體鄭注云
四體龜之四足亦云春占後左夏占前左秋占前右冬占
後右彼云占此云灼即灼而占之亦一也云士喪禮者彼
謂卜葬日引之證有宗高作龜之
事彼云士宗族長尊故云臨卜也 **大祭祀則眂高命**
**龜** 注命龜告龜以所卜之事不親作龜者大祭祀輕於大貞也上喪禮曰宗人即席西面坐命龜 釋曰云不親
作龜者大祭祀輕於大貞也者大貞之內有立君大封大
卜作龜不命龜此大祭祀不作龜進使命龜作龜是勞事
故云大祭祀輕於大貞也引士喪禮宗人即席
西面坐命龜者證天子命龜處所與士禮同 **凡小事**
**涖卜** 注代宗伯 釋曰凡大事卜小事筮若事小當入九
筮不合入此大卜大卜云小事者此謂就大事中差

小者非謂筮人之小事也小事既大卜涖卜則其餘仍有陳龜巳下則陳龜貞龜命龜視高皆卜師爲之其作龜則卜人也大宗伯六命卿小宗伯四命中大夫大卜亦四命下大夫卜師上士卜人中士其大宗伯涖卜大卜視高作龜其中陳龜貞龜命龜皆小宗伯爲之下文大遷大師大卜貞龜貞龜上有涖卜亦大宗伯爲之陳龜亦宜小宗伯也其命龜視高卜師作龜卜人次下云凡旅陳龜則涖卜仍是大宗伯貞龜命龜視高皆卜師亦卜人作龜次下云凡喪事命龜命龜之上有陳龜貞龜亦小宗伯涖卜還是大宗伯視高作龜卜師也

**國大遷大師則貞龜** 注正龜於卜位也士喪禮曰卜人抱龜燋先奠龜西南是也又不親命龜亦大遷大師輕於大祭祀 釋曰正龜於卜位卜位即閾外席上也故引士喪禮爲證也云又不親命龜亦大遷大師輕於大祭祀者以命龜在貞龜後而爲勞故云輕於大祭祀也

**凡旅陳龜** 注陳龜於饌處也士喪禮曰卜人先奠龜

于西塾上南首是也不親貞為龜亦以卜旅祭非常輕於大
遷大師　釋曰云陳龜於饌處也者饌處謂在西塾南首
故引士喪禮爲證也云亦以卜旅祭非常輕於大遷大師
者案大宗伯國有故旅上帝及四望則祀天亦是大祭祀
而輕於大遷大師退在下
者鄭以旅爲非常祭故也**凡喪事命龜**注重喪禮次大祭祀也士
喪禮則筮宅卜日天子卜葬兆凡大事大卜陳龜貞龜命
龜視高其他以差降焉　釋曰云重喪禮次大祭祀也者
大祭祀大卜非直命龜兼視高此喪事亦命龜與大祭祀
同但不兼視高即輕於大祭祀也但以喪事爲終故文退
在凡旅下也云士喪禮則筮宅卜日天子卜葬兆者欲見
此經天子法卜葬日與士同其宅亦卜之與士異孝經云
卜其宅兆亦據大夫已上若士則筮宅也云凡大事大卜
陳龜貞龜命龜視高者據此大卜所掌皆是大事故大卜
或陳龜或貞龜或視高雖不言作龜於大貞亦作龜不言
之者在其他以差降之中云其他以差降者更有臨卜已

下至作龜官之尊卑以次爲之是也案上所解陳龜在前
重於命龜而士喪禮卜人卑而陳龜宗人尊而令龜在後
者士之官少故所執
不依官之尊卑也

卜師掌開龜之四兆一曰方兆二曰功兆三曰
義兆四曰弓兆注開開出其占書也經兆百二十體
此言四兆者分之爲四部若易之二
篇書金縢曰開籥見書是謂與其云方功義弓之名未聞
釋曰云開開出其占書也者鄭意兆出於龜其體一者二
十今云用龜之四兆謂開出其占兆之書分爲四部若易
之二篇故引金縢爲證也云開籥見書謂啓匱以籥乃見
其書云是謂與者但開出占兆書爲卜兆以意言無正文
故云是謂與以疑之云其云方功義弓之名未聞者但名
此四部爲方功義弓必有其義但
無文以言疑事無質故云未聞也

凡卜事眡高注示涖卜也

釋曰案上大卜而言則大貞使大卜眡高今云凡卜眡高者謂大卜不眡高者皆卜師眡高以龜高處示臨卜也

**揚火以作龜致其墨** 注揚猶熾也致其墨者熟灼之明其兆 釋曰致其墨者熟灼之明其兆者案占人注墨兆廣也墨大坼明則逢吉坼稱明墨稱大今鄭云熟灼之明其兆以解墨者彼各偏據一邊而言其實墨大兼明乃可得吉故以明解墨

**凡卜辨龜之上下左右陰陽以授命龜者而詔相之** 釋曰卜師辨此龜上下左右陰陽六種授命龜者據大卜命龜之人無定俱是命龜即辨而授之 注所卜者當各用其龜也大祭祀喪事大卜命龜則大貞小宗伯命龜其他卜師命龜卜人作龜卜人作龜則亦辨龜以授卜師上仰者也下俯者也左左倪也右右倪也陰後弇也陽前弇也詔相告以其辭及威儀 釋曰云所卜者當各用其龜也者即上下左右陰陽者是也云大祭祀喪事

已下皆據大卜而言鄭知大貞小宗伯命龜者以其大貞
大卜下大夫視高視高之上有命龜貞龜陳龜小宗伯中
大夫尊於大卜卑於大宗伯故知大貞小宗伯命龜也云
其他卜師命龜者其他謂凡小事大卜臨卜大遷大師大卜
貞龜凡旅大卜陳龜如此之輩則卜師命龜卜師命龜則
卜人作龜卜人灼龜則亦辨龜以授卜師案序官卜人中
士八人於此不列其職者以其與卜師同職不見之也云
上仰者也者爾雅云仰者謂言此經上即爾雅云仰者也
此已下皆據爾雅及下文而言案爾雅云龜俯者靈行頭
低仰者謝行頭仰前弇諸果甲前長後弇諸獵甲後長左
倪不類行頭左庳右倪不若行頭右庳故鄭據而言焉云
詔相告以其辭及威儀者辭謂命龜之辭威儀者謂若士
喪禮卜日在廟門外臨卜在門東西面龜在閾外席
上西首執事者門西東面行立皆是威儀之事也

龜人掌六龜之屬各有名物天龜曰靈屬地龜

曰繹屬東龜曰果屬西龜曰靁屬南龜曰獵屬
北龜曰若屬各以其方之色與其體辨之釋曰云各有名物物色也六方之龜各有其名其色各異也

注屬言非一也色謂天龜玄地龜黃東龜青西龜白南龜赤北龜黑龜俯者靈仰者繹前弇果後弇獵左倪靁右倪若是其體也東龜南龜長前後在陽象經也西龜北龜長左右在陰象緯也天龜俯地龜仰東龜前南龜郤西龜左北龜右各從其耦也杜子春讀果爲贏

釋曰云龜俯者靈已下鄭亦取爾雅云俯者靈此云天龜曰靈屬爲一物但天在上法之故向下低也爾雅云仰者繹此云地龜曰繹同稱故爲一物但地在下法之故向上仰爾雅云前弇果此云東龜曰果同稱果故爲一物但在陽方故甲向前長而前弇也云後弇獵者爾雅云後弇獵此云南龜曰獵故爲一物亦在陽方故甲後長而後弇云左倪靁者爾雅云左倪

不類不類即雷一也以其在陰方故不能長前後而頭向左相睥睨然云右倪若者爾雅云右倪不若不若即若也同稱若故爲一物亦在陰方故亦不長前後而頭向右睥睨然云是其體也者體有二法此經體據頭甲而言占人云君占體體謂兆象與此異也云東龜南龜長前後在陽象經也者據甲而言凡天地之間南北爲經東西爲緯云西龜北龜長左右在陰象緯也者據頭爲說此解稱果獵之意云天龜俯地龜仰東龜前南龜卻西龜左北龜右各從其耦者此鄭解兩兩相對爲長短低仰之意也杜子春讀果爲臝者此龜前甲長後甲短露出邊爲臝露得爲一義故鄭引之在下

**凡取龜用秋時攻龜用春時各以其物入于龜室** 注六龜各異室也秋取龜及萬物成也攻治也治龜骨以春是時乾解不發傷也

釋曰云各以其物入于龜室龜有六室物色也六龜各入於一室以其蓍龜歲易秋取春攻訖即欲易去前龜也

上春釁龜祭祀先卜注釁者殺牲以血之神之也鄭司農云祭祀先卜者卜其日與其牲玄謂先卜始用卜筮者言祭言祀尊焉天地之也世本作曰巫咸作筮卜未聞其人也是上春者夏正建寅之月月令孟冬云釁祠龜策相互矣秦以十月建亥爲歲首則月令秦世之書亦或欲以歲首釁龜耳　釋曰云釁者殺牲以血之神之也者謂若禮記雜記云廟成則釁之廟用羊門夾室用雞之類皆是神之故血之也先鄭云祭祀先卜者卜其日與其牲後鄭不從者以其此官不主卜事故不從也故解先卜始用卜筮者云言祭言祀尊焉天地之也者案大宗伯天稱禋祀地稱血祭是天地稱祭祀今此先卜是人鬼曰享而云祭祀與天地同稱故曰尊焉天地之也云世本作曰巫咸作筮卜未聞其人也者曲禮云卜筮者先聖王之所以信時日其易所作即伏犧爲之矣但未有揲蓍之法至巫咸乃教人爲之故巫咸得作筮之名未聞其源世本又不言其人故云未聞其人也云是上

春者夏正建寅之月月令孟冬云釁筴祠龜筴相互矣者然
周與秦各二時釁筴龜筴月令孟冬釁筴則周孟冬亦釁筴之周
以建寅上春釁筴秦亦建寅上春釁筴之故云相互也云秦以
十月建亥爲歲首則月令秦世之書亦或欲以歲首釁筴龜
耳者據此注則周秦各一時釁筴此鄭兩解案月令注云周
礼龜人上春釁筴謂建寅之月秦以其歲首使大史釁筴龜筴
與周異矣彼注與
此後注義同也 **若有祭祀則奉龜以往** 注奉猶送也送之所
當於卜 釋曰此云祭祀不辨外內則
外內俱當卜皆奉龜以往所當卜處 **旅亦如之喪亦**
**如之** 釋曰旅謂祈禱天地及山川喪謂卜葬宅及日皆
亦奉龜往卜處也案爾雅有十龜一曰神龜龜之
最神明者二曰靈龜涪陵郡出大龜甲可以卜緣中文似
𤪌瑁俗呼爲靈龜即今大觜蠵龜也一曰靈蠵能鳴也三
曰攝龜小龜也腹甲曲折解能自張閉好食蛇江東呼為
陵龜也四曰寶龜大寶龜也五曰文龜甲有文采者也河

圖曰靈龜負書丹甲青文六曰筮龜常在蓍叢下也七曰山龜八曰澤龜九曰水龜十曰火龜山澤水火皆說生出之處所也火龜猶火鼠也

菙氏掌共燋契以待卜事 注杜子春云燋讀爲細目燋之燋或曰如薪樵之樵謂所爇灼龜之木也故謂之燋契謂契龜之鑿也詩云爰始爰謀爰契我龜玄謂士喪禮曰楚焞置于燋在龜東楚焞即契所用灼龜也燋謂炬其存火 釋曰子春讀燋樵二者皆依俗讀爲柴樵之樵後鄭不從依音爲雀意取莊子爝火之義焌焌然也玄謂士喪禮曰楚焞置于燋在龜東者謂陳龜於西塾上龜南首燋在龜東置楚焞于上言楚焞者謂荆爲楚用之焞龜開兆故云楚焞也

凡卜以明火爇燋遂龡其焌契以授卜師遂役之 釋曰云遂吹其焌契以授卜師者謂若大卜視高巳

上則卜師作龜故以焌契授卜師若差次使卜人作龜則
授卜人言遂役之者因事曰遂以因授契訖即受卜師所
役使 注 杜子春云明火以陽燧取火於日焌讀爲英俊之
也 俊書亦或爲俊玄謂焌讀如戈鐏之鐏謂以契柱
燋火而吹之也契既然以授卜師用作龜也役之使助之
釋曰子春云明火以陽燧取火於日者此秋官司烜氏職
文謂將此明火以燒爇燋使然也云焌讀爲英俊之俊者
意取判燋之中英俊者爲楚焞用之灼龜也後鄭讀焌爲
戈鐏之鐏者讀從曲禮云進戈者前其鐏意取鋭頭以灼
龜也云謂以契柱燋火而吹之也者解經遂吹其焌契謂
將此焌契以柱於
燋火吹之使熾也
占人掌占龜以八簭占八頌以八卦占簭之八
故以眡吉凶 注 占人亦占筮言掌占龜者筮短龜長
主於長者以八筮占八頌謂將卜八事

先以筮筮之言頌者同於龜占也以八卦占筮之八故謂八事不卜而徙筮之也其非八事則用九筮占人亦占焉釋曰云占人亦占筮言掌占龜者筮短龜長主於長者占筮即此經云以八筮占八頌又云以八卦占筮之八故並是占筮故首云掌占龜不云占筮故云主於長者也鄭知筮短龜長者案左氏僖四年傳云初晉獻公欲以驪姬爲夫人卜之不吉筮之吉公從筮卜人曰筮短龜長不如從長是龜長筮短之事龜長者以其龜知一二三四五天地之生數知本易知七八九六之成數知末是以僖十五年傳韓簡云龜象也筮數也物生而後有象象而後有滋滋而後有數故象長如易歷三聖而成窮理盡性云短者以其易雖窮理盡性仍六經並列龜之繇辭辟若讖緯圖書不見不可測量故爲長短馬融曰云筮史短龜史長者非鄭義也云以八筮占八頌謂將卜八事先以筮筮之者凡大事皆先筮而後卜此八者還是上文大事之八也凡筮之卦自用易之爻占之龜之兆用頌辭占之今言八筮占

八頌者鄭云同於龜占也以其吉凶是同故占筮之辭亦名頌故云同於龜占則繇辭是也云以八卦占筮之八故謂八事不卜而徒筮之也者此出人君之意此八事即大卜大事之八故令先筮後卜今人君欲得徒筮吉凶吉則行之不假更卜故云占筮之八故云非八事則用九筮占人亦占焉者此云九筮即下筮人所云九筮是也知占人亦占焉者以其占人於此占凡卜筮亦占可知也 **凡卜簭君占體大夫占色史占墨卜人占坼** 注體兆象也色兆氣也墨兆廣也坼兆璺也體有吉凶色有善惡墨有大小坼有微明尊者視兆象而已卑者以次詳其餘也周公卜武王占之曰體王其無害凡卜象吉色善墨大坼明則逢吉 釋曰此君占體已下皆據卜而言而兼云筮者凡卜皆先筮故連言之云體兆象也者謂金木水火土五種之兆言體言象者謂兆之墨縱橫其形體象似金木水火土也凡卜欲作龜之時灼龜之四足依四時而

灼之其兆直上向背者爲木兆直下向足者爲水兆邪向背者爲火兆邪向下者爲金兆横者爲土兆是兆象也云色兆氣也者就兆中視其色氣似有雨及雨止之等是兆色也墨兆廣也者據兆之正釁處爲兆廣坼兆釁者就正墨旁有奇釁罅者爲兆釁也云體有吉凶色有善惡墨有大小坼有微明者據鄭後云象吉色善墨大坼明則逢吉若然則此四者各舉一邊而言則善與大及明皆是吉惡小及微皆凶也引周公卜武王是尚書金縢彼爲武王有疾不愈恐死周公欲代武王死爲三壇因告大王王季文王以請天未知天之許不故璽所即卜云三龜一習吉啓籥見書乃并是吉周公曰體王其無害引之者證君占體之事也

**凡卜簭既事則繫**釋曰既事者卜筮事

**幣以比其命歲終則計其占之中否**訖丨筮皆有禮神之幣及命龜筮之辭書其辭及兆於簡策之乚并繫其幣合藏府庫之中至歲終摠計占之中否

而句考之注杜子春云繫幣者以帛書其占繫之於龜也玄謂既卜筮史必書其命龜之事及兆於策繫其禮神之幣而合藏焉書曰王與大夫盡弁開金縢之書乃得周公所自以爲功代武王之說是命龜書　釋曰子春云繫幣者以帛書其占繫之於龜也者後鄭不從云書其命龜之事及兆於策者云既卜筮即筮亦有命筮之辭及卦不言者舉龜重者而略筮不言可知或可筮短龜長直據龜而言其筮則否書曰已下亦金縢文案彼武王崩後周公將攝政遭管蔡流言成王未寤遭雷風之變王與大夫盡弁弁謂爵弁應天變之服以啓金縢之書乃得周公所自以爲功之事也事謂請命之事故云代武王之說是命龜書也引之證比其命藏之事也

簭人掌三易以辨九簭之名一曰連山二曰歸藏三曰周易九簭之名一曰巫更二曰巫咸三曰巫

式四曰巫目五曰巫易六曰巫比七曰巫祠八曰巫參九曰巫環以辨吉凶釋曰此筮人掌三易者若卜用三龜此筮人用三易故云掌三易也注此九巫讀皆當爲筮字之誤也更謂筮遷都邑也咸猶僉也謂筮衆心歡不也式謂筮制作法式也目謂事衆筮其要所當也易謂民衆不說筮所改易也比謂筮與民和比也祠謂筮牲與日也參謂筮御與右也環謂筮可致師不也釋曰鄭破巫爲筮者此筮人掌筮不主巫事故從筮也云更謂筮遷都邑也者此遷都謂公卿大夫之都邑鄭荅趙商若武王遷洛盤庚遷殷之等則卜故大卜有卜大遷之事云咸猶僉也謂筮衆心歡不也者謂國有營建之事恐衆心不齊故筮之也云式謂筮制作法式也者式是法式故知制作法式也云目謂事衆筮其要所當也者是要目之事故論語顔回云請問其目鄭云欲知其要顔回意以禮有三百三千卒難周備故

請問其目此云事衆故亦筮其要目所當者也云易謂民衆不説筮所改易者改易之事上旣有更爲遷都邑故以此易爲民衆不和説須筮改易政教之事云比謂筮與民和也者比是相親比之事故比卦云建萬國親諸侯故知比爲筮與民和比云祠謂筮牲與日也者案大卜大祭祀而卜之今此祀不卜而筮者彼大祀用卜此謂小祭祀故用筮也云參謂筮御與右也者云參謂參乘之事故知是御及車右勇力與君爲參乘故筮之也云環謂筮可致師不者此環與環人字同彼環人主致師引宣公十二年楚許伯御樂伯攝叔爲右以致晉師之事明此經筮環亦是主致師以下之事也趙商問僖十五年秦晉相戰以晉卜右慶鄭吉襄二十四年晉致楚師求御於鄭鄭人卜宛射犬吉皆用卜今此用筮何鄭荅天子具官有常人非一人致筮可使者諸侯兼官無常人故臨時卜之也且此云筮是國之大事先筮而後卜曲禮注引春秋獻公卜娶驪姬不吉公曰筮之請明所據又尚書龜從

凡國之

大事先簭而後卜 注當用卜者先筮之即事漸也於筮之凶則止不卜 釋曰此大事者即大卜之八命及大貞大祭祀之事大卜所掌者皆是大事皆先筮而後卜故鄭云當用卜者先筮之即事漸也者筮輕龜重賤者先即事故云即事漸也云於筮之凶則止者出禮云卜筮不相襲若筮不吉而又卜是卜襲筮故於筮凶則止不卜案洪範云龜從筮逆又云龜筮共違於人彼有先卜後筮筮不吉又卜與此經違者彼其箕子所陳用殷法殷質故與此不同

上春相簭 注相謂更撰擇其蓍也蓍龜歲易者與 釋曰上春謂建寅之月歲之始除舊布新故更選擇其蓍易去其舊者據此則蓍歲易也兼云龜者龜人云攻龜用春時明亦以新易故故知龜亦歲易此龜之歲易者謂龜人天地四時之龜若大寶龜等非常用之龜不歲易

凡國事共簭

占夢掌其歲時觀天地之會辨陰陽之氣 注其歲時今歲

四時也天地之會建厭所處之日辰陰陽之氣休王前後

釋曰鄭云其歲時今歲四時也者但天地之會陰陽之氣年年不同若今歷日今歲亦與前歲不同故云今歲四時也云天地之會建厭所處之日辰者建謂斗柄所建謂之陽建故左還於天厭謂日前一次謂之陰建故右還於天故堪輿天老曰假令正月陽建於寅陰建在戌日辰者日據幹辰據支云陰陽之氣休王前後者案春秋緯云王者休王所勝者死相所勝者囚假令春之三月木王水生木水休木勝土土死木王火相王所生者死相所勝者囚火勝金春三月金囚以此推之火王金王水王義可知觀此建厭所在辨陰陽之氣以知吉凶也

**以日月星辰占六夢之吉凶**

釋曰六夢者即下云一曰二曰是也以日月星辰占知者謂夜作夢旦於日月星辰以占其夢以知吉凶所在

**注**日月星辰謂日月之行及合辰所在春秋昭三十一年十二月辛亥朔日有食之是夜也晉趙簡子夢童子倮而轉以歌

旦而日食占諸史墨對曰六年及此月也吳其入郢乎終
亦弗克入郢必以庚辰日月在辰尾庚午之日日始有適
火勝金故弗克此以日月星辰占夢者其術則今八會其
遺象也用占夢則亡　釋曰張逸問占夢注云春秋昭三
十一年十二月辛亥朔日有食之是夜也趙簡子夢童子
倮而轉以歌旦而日食占諸史墨對曰六年及此月也吳
其入郢乎終亦弗克入郢必以庚辰日月在辰尾庚午之
日日始有謫火勝金故弗克此以日月星辰占夢者不知
何術占之前問不了荅曰日月在辰尾夏之九月辰在房
未有尾星建戌厭寅寅與申對辰與戌對申近庚辰與戌
對故知庚辰辰下爲主人故于爲主人金侵火故不勝雖
不勝即復故云弗克日有適氣時九月節者以庚午在甲
子篇辛亥在甲辰篇也中有甲戌甲申甲午成一月也從
庚午以下四日從甲辰至辛亥八日并之十二日通同四
十二日如是庚午之日當在八月十九日故言時得九月
節也言雖不勝即復者以其庚金午火位相連故云雖不

勝即復也言雖不勝者吳君臣爭宮秦救復至不能定楚是其不勝不能損吳是其即復也問曰何知有此厭對之義乎荅曰案堪輿黃帝問天老事云四月陽建於巳破於亥陰建於未破於癸是爲陽破陰陰破陽故四月有癸亥爲陰陽交會十月丁巳爲陰陽交會言未破癸者即是未與丑對而近癸也交會惟有四月十月也若有變異之時十二月皆有建厭對配之義也云則今八會其遺象也者案堪輿大會有八也小會亦有八服氏云是歲歲在析木後六年在大梁大梁水宗十一月日在星紀爲吳國分楚之先顓頊之子老童老童楚象行歌象楚走哭姬姓日日在星紀星紀之分姬姓吳也楚衰則吳得志吳世世與楚怨楚走去其國故曰吳其入郢吳屬水水數六十月水位故曰六年及此月也有適而食故知吳終亦不克又彼注云後六年定四年十一月閏餘十七閏在四月後其十一月晦晦庚辰吳入郢在位東後復此月也十二月辛亥日月會於龍尾而食庚午日初有適故曰庚辰一日月居在

辰尾尾爲亡臣是歲吳始用子胥之謀以伐楚故天垂象
又注云午火庚金也火當勝金而反有適故爲不克晉諸
侯之霸與楚同盟趙簡子爲執政之卿遠夷將伐同盟日
應之食故夢發簡子服氏以庚午之日日始適火勝金故
不克入楚必以庚辰此與鄭義別其餘略相依也問曰周
之十二月夏之十月日夏體正應在析木而云在星紀何
荅曰據此月中有十一月節故舉言之成長 **一曰正夢**
以爲誤也此六夢蓋三王同有六夢法也
注無所感動平安自夢 釋曰鄭知無感動平安自夢 **二**
者以其言正是平安之義故知無所感動平安自夢
**曰噩夢** 注杜子春云噩當爲驚愕之愕謂驚愕而夢
釋曰以其言噩噩是驚愕之意故子春讀噩從
驚愕解之 **三曰思夢** 注覺時所思念之而夢 釋曰以其思
是思念之意故解云覺時所思念而夢
也 **四曰寤夢** 注覺時道之而夢 釋曰以其字爲覺 **五**
寤之字故知覺寤時道之睡而夢也

曰喜夢注喜説而夢　釋曰以其字爲喜説之字故知未睡心説睡而爲夢六曰懼夢注恐懼而夢　釋曰以其字爲恐懼之字故云恐懼而夢季冬聘王夢獻吉夢于王王拜而受之釋曰季冬歲終除舊惡擬來歲布新善故問王夢之善惡夢惡者贈去之下文是也獻善夢於王者歸美於王注聘問也夢者事之祥吉凶之占在日月星辰季冬日窮于次月窮于紀星迴于天數將幾終於是發幣而問焉若休慶之云爾因獻羣臣之吉夢於王歸美焉詩云牧人乃夢衆維魚矣旐維旟矣此所獻吉夢　釋曰云夢者事之祥者若對文禎祥是善妖孽是惡散文祥中可以兼惡夢者有吉有惡故云夢者事之祥也云吉凶之占在日月星辰者即上文以日月星辰占六夢之吉凶是也云季冬日窮于次月窮於紀星迴於天數將幾終者皆月令文曰窮於次者次謂日辰所在季冬日月會于玄枵是日窮於次月窮於紀謂星紀

日月五星會聚之處月謂斗建所在十二月斗建丑故云月窮於紀星廻於天者星謂二十八宿十二月復位此十二月未到本位故云星廻於天數將幾終者幾近也至此十二月歷數將終云於是發幣而問焉若休慶之云爾者鄭以禮動不虛必以幣帛行禮乃始問王故云發幣而問焉休美也問王夢若美慶云爾云因獻羣臣之吉夢於王歸美焉者君吉夢由於羣臣君統臣功故獻吉夢歸美於王也詩云牧人乃夢是無羊美宣王詩也牧人乃夢衆維魚矣旐維旟矣者牧人謂牧牛羊之人彼注衆維魚乃矣豐年之祥旐旟所以聚衆引之者證獻吉夢之事

舍萌于四方以贈惡夢　注杜子春讀萌爲明又云其字當爲明明謂歐疫也謂歲竟逐疫置四方書亦或爲明玄謂舍讀爲釋舍萌猶釋采也古書釋采釋奠多作舍字萌菜始生也贈送也欲以新善去故惡　釋曰子春之說舍萌爲歐疫案下文自有歐疫於此以舍萌爲之其義不可故後鄭不從玄謂舍萌猶

釋采也者案王制有釋采奠幣之事故從之云萌菜始生也者案樂記區萌達鄭注云屈生曰區芒而直出曰萌故知萌菜始生者云欲以新善去故惡者舊歲將盡新年方至故於此時贈去惡夢

遂令始難毆疫

釋曰因事曰遂上經贈惡夢遂令方相氏始難毆疫

注令令方相氏也難謂執兵以有難卻也方相氏蒙熊皮黃金四目玄衣朱裳執戈揚盾帥百隸爲之毆疫厲鬼也故書難或爲儺杜子春儺讀爲難問之難其字當作難月令季春之月命國儺九門磔禳以畢春氣仲秋之月天子乃儺以達秋氣季冬之月命有司大儺旁磔出土牛以送寒氣

釋曰先令令方相氏以方相氏專主難去故先令方相氏云難謂執兵以有難卻也者所引方相氏以下是也杜子春云儺讀爲難問之難者以其難去疫癘故爲此讀又引月令云季春之月命國儺案彼鄭注此月之中日行歷昴昴有大陵積尸之氣氣佚則厲鬼隨而出行故難之云命國難者唯天子諸侯有國者令難云

九門磔攘者九門依彼注路門應雉庫皐國近郊遠郊關
張磔牲體攘去惡氣也云以畢春氣者畢盡也季春行之
故以盡春氣云仲秋之月天子乃儺以達秋氣者案彼鄭
注云陽氣左行此月宿直昴畢昴畢亦得大陵積尸之氣
氣佚則厲鬼亦隨而出行故難之以通達秋氣此月難陽
氣故唯天子得難云季冬之月命有司大難旁磔出土牛
以送寒氣者案彼鄭注此月之中日歷虛危虛危有墳墓
四司之氣爲癘鬼將隨強陰出害人也故難之命有司者
謂命方相氏言大難者從天子下至庶人皆得難言旁磔
者謂四方於四方之門皆張磔牲體云出土牛以送寒氣
者鄭彼注云出猶作也作土牛者丑爲牛牛可牽可止送
猶畢也故作土牛以送寒氣此子春所引雖引三時之難
唯即季冬大難知者此經始難文承季冬
之下是以方相氏亦據季冬大難而言

眡祲掌十煇之灋以觀妖祥辨吉凶釋曰案下十等唯一曰言

祲故據一曰以爲官首言掌十煇之法者一曰以下十等注
多是日旁之氣言煇亦是日旁煇光故揔以煇言之
妖祥善惡之徵鄭農云煇謂日光炁也　釋曰云妖祥善
惡之徵者祥是善之徵妖是惡之徵故言善惡之徵此妖
祥相對若散文祥亦是惡徵毫有祥桑之類是也鄭司農
云煇謂日光氣也者就十等之中五曰闇闇謂日食則無
光氣而云十煇皆謂
日光氣者據多而言

**一曰祲二曰象三曰鑴四曰監五曰闇六曰瞢七曰彌八曰敘九曰隮十曰想**

注故書彌作迷隮作資鄭司農云祲陰陽氣相侵也象
者如赤鳥也鑴謂日旁氣四而反鄉如煇狀也監雲氣
臨日也闇日月食也瞢瞢日月瞢瞢無光也彌者白虹彌天
也敘者雲有次序如山在日上也隮者升氣也想者煇光
也玄謂鑴讀如童子佩鑴之鑴謂日旁氣刺日也監冠珥
也彌氣貫日也隮虹也詩云朝隮于西想雜氣有似可形

想釋曰此經十事先鄭皆解之後鄭從其六不從其四先鄭云祲陰陽氣相侵也者赤雲爲陽黑雲爲陰如春秋傳云赤黑之祲在日旁云象者如赤鳥也者楚有雲如衆赤鳥在日旁者也云鑴謂日旁氣四面反鄉如煇狀也者後鄭不從云監雲氣臨日也者後鄭亦不從云闇日月食也者以其日月如光消故闇朦也云瞢日月瞢瞢無光也者以其瞢瞢無光之貌故知無光云彌者白虹彌天也者此從故書爲迷後鄭不從云敘者雲有次敘如山在日上也者以其此十煇皆在日旁敘爲次敘之字故知敘者雲氣次敘如山在日上云隮者升氣也者以其隮訓爲升故隮者是升氣也此後鄭不破增成其義云想者煇光此後鄭亦不從玄謂鑴讀如童子佩鑴之鑴謂日旁氣刺日也者此讀從芄蘭詩童子佩鑴能不我知鑴是錐類故爲雲氣刺日云監冠珥也者謂有赤雲氣在日旁如冠耳珥即耳也今人猶謂之日珥云彌氣貫日也者以其言彌故知雲氣貫日而過云隮虹也者即爾雅螮蝀謂之虹日在東

則西邊見日在西則東邊見故引詩云朝隮于西爲證也云想雜氣有似可形想者以其雲氣雜有所象似故可形想

**掌安宅敘降** 注宅居也降下也人見妖祥則不安主安其居處也次序其凶禍所下謂禳移之 釋曰掌主也此官主安居者人見妖祥則意不安主安居其處不使不安故次敘其凶禍所下之地禳移之其心則安

**正歲則行事** 注占夢以季冬贈惡夢此正月而行安宅之事所以順民 釋曰民心欲得除惡樹善占夢之官以季冬贈去惡夢至此歲之正月行是安宅之事順民心也

**歲終則弊其事** 注弊斷也謂計其吉凶然否多少 釋曰占夢之官見有妖祥則告之吉凶之事其吉凶或中或否故至歲終斷計其吉凶也云然否多少者然謂中也知中否多少而行賞罰

# 周禮疏卷第二十八

# 周禮疏卷第二十九

唐朝散大夫行太學博士弘文館學士臣賈公彥等撰

大祝掌六祝之辭以事鬼神示祈福祥求永貞一曰順祝二曰年祝三曰吉祝四曰化祝五曰瑞祝六曰筴祝

釋曰云掌六祝之辭者此六辭皆是祈禱之事皆有辭說以告神故云六祝之辭云以事鬼神示者此六祝皆所以事人鬼及天神地祇云祈福祥求永貞者禱祈者皆所以祈福祥求永貞之事案一曰已下其事有六祈福祥即三曰吉祝是也求永貞二曰年祝是也今特取此二事爲揔目者欲見餘四者亦有此福祥永貞之事故也

注 永長也貞正也求多福歷年得正命

也鄭司農云順祝順豐年也年祝求永貞也吉祝祈福祥
也化祝弭災兵也瑞祝逆時雨寧風旱也筴祝遠罪疾
釋曰云求多福歷年得正命也者經祈福祥求永貞祈亦
求也今鄭云求多福即經祈福祥也歷年得正命即經求
永貞也歷年之上宜有求鄭不言之者多福之上一求鄭
則該此二事故鄭歷年之上略不言求鄭司農云順祝順
豐年已下皆約小祝而說小祝有順豐年此言順祝故知
當小祝順豐年也云年祝求永貞也者以祈求貞是命年
之事故知年祝當求永貞也云吉祝祈福祥也者以其小
祝有祈福祥之事此上摠目亦有祈福祥福祥是吉慶之
事故知吉祝當祈福祥也云化祝弭災兵也者弭安也安
去災兵是化惡從善之事小祝有弭災兵故知化祝當之
云瑞祝逆時雨寧風旱也者小祝有逆時雨寧風旱此逆
時雨即寧風旱寧風旱即逆時雨對則異理則通此二者
以若天之應瑞故摠謂之瑞祝云筴祝遠罪疾者自此已
上差次與小祝不同唯有筴祝與小祝遠罪疾相當宜為

一也此六祝有求永貞小祝不言之者大祝已見故小祝略不言也此六祝一曰順祝已下差次與小祝次第不同者欲見事起無常故先後有異

掌六祈以同鬼神示一曰類二曰造三曰禬四曰禜五曰攻六曰說

釋曰上經六祝此云六祈皆是祈禱之事別見其文者案小祝重掌六祝云將事侯禳禱祠之祝號鬼神雖和同爲事禱請此六祈爲百神不和同即六癘作見而爲祈禱故云以同鬼神祇是以別見其文

注 祈嘄也謂爲有災變號呼告神以求福天神人鬼地祇不和則六癘作見故以祈禮同之故書造作竈杜子春讀竈爲造次之造書亦或爲造造祭於祖也鄭司農云類造禬禜攻說皆祭名也類祭于上帝詩曰是類是禡爾雅曰是類是禡師祭也又曰乃立冢土戎醜攸行爾雅曰起大事動大衆必先有事乎社而後出謂之宜故曰大師宜于社造于祖設軍社類上帝司

馬法曰將用師乃告于皇天上帝日月星辰以禱于后土
四海神祇山川冢社乃造于先王然後冢宰徵師于諸侯
曰某國爲不道征之以某年某月某日師至某國禜日月星辰
山川之祭也春秋傳曰日月星辰之神則雪霜風雨之不時於
是乎禜之山川之神則水旱癘疫之災於是乎禜之玄謂類造
加誠肅求如志禬禜告之以時有災變也攻説則以辭責之禜
如日食以朱絲禜社攻如其鳴鼓然董仲舒救日食祝曰炤炤
大明瀸滅無光奈何以陰侵陽以卑侵尊是之謂説也禬未聞
焉造類禬禜皆有牲攻説用幣而已　釋曰云謂爲有災變號
呼告神以求福者鄭知號呼者見小祝云掌禱祠之祝號故知
此六祈亦號呼以告神云天神人鬼地祇不和則六癘作見故
以祈禮同之者鄭知鬼神祇不和者見經云掌六祈以同鬼神
祇明是不和設六祈以和同之案五行傳云六沴作見云貌之
不恭惟金沴木視之不明惟水沴火言之不從惟火沴金聽之
不聰惟土沴水思之不睿惟金木水火沴土五行而沴有六者
除本午五外來沴已則六彼云沴此云癘者沴有六則癘鬼作

見故變之言禱杜子春云造謂造祭於祖知者禮記云造
于祖故後鄭從之先鄭云類造禬禜攻說皆祭名者以其
祈禱皆是祭事案後鄭類造禬禜皆有牲攻說用幣而已
用幣非祭亦入祭科之中云類祭于上帝知者禮記王制
交尚書泰誓皆云類于上帝故知類祭上帝也引詩云已
下至師至某國以類造爲出軍之祭後鄭皆不從矣所以
不從者但出軍之祭自是求福此經六祈皆爲鬼神不和
同設祈禮以同之不得將出軍之禮以解之故後鄭不從
先鄭引大雅皇矣詩即引爾雅者所以釋此詩故也云又
曰乃立冢土戎醜攸行者大雅緜詩云爾雅曰起大事以
下亦釋此詩故也又曰乃立引以相副故大事宜于社造
于祖設軍社類于上帝並是此大祝下文云司馬法曰將
用師三字司農語云禜日月星辰山川之祭也者引春秋
爲證春秋傳曰者昭元年左氏傳云鄭子產聘晉晉侯有
疾問於子產子產對此辭案彼傳文癘疫之災於是乎禜
之此云不時者鄭君讀傳有異互謂類造加誠肅求如志

者欲明天神人鬼地祇不得同名類造故云加誠肅求如志云禬禜告之以時有災變也者春秋所云雪霜風雨水旱癘疫之不時於是乎禜之禬雖未聞禬是除去之義故知禬亦災變云攻說則以辭責之者引論語及董仲舒皆是以辭責之云禜如日食以朱絲禜社者案莊公二十五年六月辛未朔日有食之鼓用牲于社公羊傳云日食則曷爲鼓用牲于社求乎陰之道也以朱絲禜社或曰脅之或曰爲闇恐人犯之故禜之何休云朱絲禜之助陽抑陰也或曰爲闇者恐人犯歷之故禜之然此說非也記或傳者示不欲絕異說爾先言鼓後言用牲者明先以爲尊命責之後以臣子禮接之所以爲順也鄭引公羊傳者欲見禜是禜之義云攻如其鳴鼓然者此是論語先進篇孔子責冉有爲季氏聚斂之臣故云小子鳴鼓而攻之可彼是以辭攻責之此攻責之亦以辭責故引以爲證引董仲舒者是漢禮救日食之辭以證經說是以辭責之云禬未聞焉者經傳無文不知禬用何禮故云未聞鄭知類造禬禜

皆有牲者案禮記祭法云埋少牢於泰昭祭時也下云幽禜祭星雩禜祭水旱鄭注云凡此以下皆祭用少牢禜既用牲故知類造皆亦有牲故云皆有牲也云攻說用幣而已者知攻說用幣者是日食伐鼓之屬天災有幣無牲故知用幣而已既云天災有幣無牲其類禮以亦是天災得有牲者災始見時無牲及其災成之後即有牲故詩云靡愛斯牲是也

**作六辭以通上下親疏遠近一曰祠二曰命三曰誥四曰會五曰禱六曰誄**

釋曰此六者唯一曰稱辭自餘二曰已下皆不稱辭而六事皆以辭目之者二曰已下雖不稱辭命誥之等亦以言辭爲主故以辭苞之云以通上下親疏遠近者此六辭之中皆兼苞父祖子孫上則疏而遠下則親而近故云以通上下親疏遠近也

**注** 鄭司農云祠當爲辭謂辭令也命論語所謂爲命卑諶草創之誥謂

康誥盤庚之誥之屬也盤庚將遷于殷誥其世臣卿大夫
道其先祖之善功故曰以通上下親疏遠近會謂王官之
伯命事於會胥命于蒲主爲其命也禱謂禱於天地社稷
宗廟主爲其辭也春秋傳曰鐵之戰衛大子禱曰曾孫蒯
聵敢昭告皇祖文王烈祖康叔文祖襄公鄭勝亂從晉午
在難不能治亂使鞅討之蒯聵不敢自佚備持矛焉敢告
無絶筋無破骨無面夷無作三祖羞大命不敢請佩玉不
敢愛若此之屬誄謂積累生時德行以賜之命主爲其辭
也春秋傳曰孔子卒哀公誄之曰閔天不淑不慭遺一老
俾屏余一人以在位嬛嬛予在疚嗚呼哀哉尼父無自律
此皆有文雅辭令難爲者也故大祝官主作六辭或曰誄
論語所謂誄曰禱爾于上下神祇杜子春云誥當爲告書
亦或爲告玄謂一曰祠者交接之辭春秋傳曰古者諸侯
相見號辭必稱先君以相接辭之辭也會謂會同盟誓之
辭禱賀慶言福祚之辭晉趙文子成室晉大夫發焉張老
曰美哉輪焉美哉奐焉歌於斯哭於斯聚國族於斯文子

曰武也得歌於斯哭於斯聚國族於斯是全要領以從先
大夫於九京也北面再拜稽首君子謂之善頌善禱禱是
之辭 釋曰先鄭破祠爲辭謂辭令者一以其目云六辭
明知爲言辭之字不得爲禱祠言爲辭令者則左謂增成
之云交接之辭是也云命謂論語所謂爲命裨諶草創之
誥謂康誥盤庚之誥之屬也者盤庚雖不言誥亦是誥臣
遷徙之事故同爲誥又云盤庚將遷于殷誥其世臣卿大
夫道其先祖之善功者即盤庚云乃祖乃父世選爾勞是
也此命誥之議後鄭從之云會謂王官之伯命事於會胥
命于蒲主爲其命也者後鄭不從之者案公羊傳云胥命
者何相命也何言乎相命近正也此其爲近正柰何古者
不盟結言而退又見昭四年楚椒舉云商湯有景亳之命
周穆王有塗山之會以此觀之胥命于蒲與會有異令先
鄭以胥命解會於義不可故不從云禱謂禱於天地社稷
宗廟主爲其辭也又引春秋鐵之戰事在哀二年案哀二
年衛靈公卒六月乙酉晉趙鞅納衛大子于戚秋八月齊

人輸范氏粟鄭子姚子般送之趙鞅禦之衛大子爲右奮爲大子禱而爲此辭言曾孫者凡祭外神皆稱曾孫言昭告于皇祖文王皇君也衛得立文王廟故云君祖文王烈祖康叔者衛之始封君有功烈之祖云鄭勝亂從者勝鄭伯名助范氏亂故云亂從云晉午在難者午晉定公名范氏等作亂與君爲難故云在難云備持矛焉者蒯聵與趙鞅爲車右車右執持戈矛故云備持矛焉云無作三祖羞者三祖謂文王康叔襄公戰不克則以爲三祖羞辱先鄭此義後鄭皆不從之者此六辭皆爲生人作辭無爲死者之事故不從云誄謂積累生時德行以賜之命而引春秋傳曰者哀公十六年傳辭此義後鄭從之引論語者爲孔子病子路請禱孔子問曰有諸子路對此辭生人有疾亦誄列生時德行而爲辭與哀公誄孔子意同故引以相續玄謂一曰辭者司農云謂辭令無所指斥故後鄭相事而言引春秋傳曰者案莊四年公羊傳云古者諸侯必有會聚之事相朝聘之道號辭必稱先君以相接是此之辭也

彼無相見二字鄭以義增之云會謂會同盟誓之辭會中
康有誓盟者以其盟時皆云公會某侯某侯盟于某以此出
會中含有盟其誓必因征伐案春秋征伐皆云公會案侯
某侯某既有士卒當有誓辭故出會中兼有誓也云禱賀
慶言福祚之辭者破先鄭禱鬼神之事云昔趙文子成室
者禮記檀弓文案彼文云晉獻文子成室鄭注云獻猶賀
也晉君賀文子成室此言晉趙文子成室引文略趙文子
則趙武也晉大夫發焉見文子室成卿大夫皆發幣以往
慶賀之張老者亦晉大夫云美哉輪焉者謂輪囷高大云美哉
奐焉者謂奐爛有文章云歌於斯者斯此也謂作樂饗宴之
處云哭於斯謂死於適寢之處聚國族於斯謂與族人族
食宴之處張老言此者譏其奢泰一室兼此數事防其更
為云文子曰武也者武文子名謂武得歌於斯哭於斯聚
國族於斯是全要領以從先大夫於九京也古者有要斬
領斬故要領並言案彼注九京當為九原晉卿大夫之墓
地在九原故言以從先大夫於九原云此面再拜稽首者

平敵相於並列則頓首臣於君作稽首今文子作稽首者
時晉君在焉北面向君拜故作稽首云君子謂之善頌善
禱者君子謂知禮之人彼注云善頌謂張老之言善禱謂
文子之言云是之辭者是經禱之辭也此六者皆以辭解

之辨六號一曰神號二曰鬼號三曰示號四
曰牲號五曰齍號六曰幣號 注號謂尊其名更爲美稱焉神
號若云皇天上帝鬼號若云皇祖伯某祇號若云后土地
祇幣號若玉云嘉玉幣云量幣鄭司農云牲號爲犧牲皆
有名號曲禮曰牛曰一元大武豕曰剛鬣羊曰柔毛雞曰
翰音粢號謂黍稷皆有名號也曲禮曰黍曰香合粱曰香
萁稻曰嘉蔬少牢饋食禮曰敢用柔毛剛鬣士虞禮曰敢
用絜牲剛鬣香合 釋曰云號謂尊其名更爲美稱焉者謂
若尊天地人之鬼神示不號爲鬼神示而稱皇天后土及
牲幣等皆別爲美號焉云神號若云皇天上帝者月令季

夏云以養犧牲以供皇天上帝皇天謂北辰曜魄寶上帝
謂大微五帝云鬼號若云皇祖伯某者謂若儀禮少牢特
牲祝辭稱皇祖伯某云祇號若云后土地祇者左氏傳云
君戴皇天而履后土地祇謂若大司樂云若樂八變地祇
皆出云幣號若玉云嘉玉幣云量幣此並曲禮文經無玉
號鄭兼言玉者祭祀禮神有玉曲禮亦有玉號案小行人
合六幣圭以馬璋以皮玉得與幣同號故鄭兼言玉也先
鄭云牲號爲犧牲皆有名號引曲禮曰牛曰一元大武者
鄭彼注元頭也武迹也一頭大迹豕曰剛鬣者豕肥則鬣
鬣剛強羊曰柔毛者羊肥則毛柔潤雞曰翰音者翰長也
音鳴也謂長鳴雞齍號謂黍稷皆有名號引曲禮黍曰香
合者言此黍香合以爲祭云粱曰香萁者鄭注云萁辭也
言此粱香可祭云稻曰嘉蔬者言稻下萊地所生嘉善也
蔬草也言此稻善蔬草可祭云少牢饋食禮云敢用柔毛
剛鬣者大夫少牢祭故號此二牲云士虞禮曰敢用絜牲
剛鬣者士祭用特豕故號一牲言香合者據曲禮黍之號

也故彼鄭注云黍也大夫士於黍稷之號合言普淖而已
此言香合蓋記者誤耳此連引之耳無所取證此士虞記
文而云禮者

記亦是禮

辨九祭一曰命祭二曰衍祭三曰炮祭四曰周祭五曰振祭六曰擩祭七曰絶祭八曰繚祭九曰共祭

釋曰此九祭先鄭自周祭已上皆是祭鬼神之事振祭已下皆是生人之祭食之禮後鄭不從之者祭天神地祇人鬼大宗伯辨之大祝不須别列且生人祭食不合與祭鬼神同科故皆以爲生人祭食法

注 杜子春云命祭祭有所主命也振祭振讀爲愼禮家讀振爲振旅之振擩祭擩讀爲虞芮之芮鄭司農云衍祭羨之道中如今祭殤無所主命周祭四面爲坐也炮祭燔柴也爾雅曰祭天曰燔柴擩祭以肝肺菹擩鹽醢中以祭也繚祭以手從肺本循之至于末乃絶以祭也絶祭不循其本直

絕肺以祭也重肺賤肝故初祭絕肺以祭謂之絕祭至祭
之末禮殺之後但擩肝鹽中振之擬之若祭狀弗祭謂之
振祭特牲饋食禮曰取菹擩于醢祭于豆間鄉射禮曰取
肺坐絕祭鄉飲酒禮曰右取肺左卻手執本坐弗繚右絕
末以祭少牢曰取肝擩于鹽振祭玄謂九祭皆謂祭食者
命祭者玉藻曰君若賜之食而君客之則命之祭然後祭
是也衍字當爲延炮字當爲包聲之誤也延祭者曲禮曰
客若降等執食興辭主人興辭於客然後客坐主人延客
祭是也包猶兼也兼祭者有司曰宰夫贊者取白黑以授
尸尸受兼祭于豆祭是也周猶徧也徧祭者曲禮曰殽之
序徧祭之是也振祭擩祭本同不食者擩則祭之將食者
既擩必振乃祭也絕祭繚祭亦本同禮多者繚之禮略者
絕則祭之共猶授也王祭食宰夫授祭孝經說曰共綏執
授　釋曰杜子春云命祭祭有所主命也者凡祭祀天子
諸侯木主大夫士有幣帛主其神曾子問以幣帛皮圭以
爲主命當主之處此子春之意亦當以幣帛謂之主命但

此經文皆是祭食法不得爲主命故後鄭不從之又讀振爲愼
或爲振旅之振或讀擩爲虞芮之芮此讀皆無義意故後鄭皆
不從之鄭司農云衍祭羨之道中如今祭殤無所主命者此據
生人祭食法而云如今祭殤故後鄭亦不從之云周祭四面爲
坐也謂若祭百神四面各自爲坐炮祭燔柴以其炮是燔燒之
義故爲燔柴祭天此皆生人祭食法非祭鬼神故後鄭亦不從
之云擩祭以肝肺菹擩鹽醢中以祭也者案特牲少牢墮祭之
時皆有以菹擩醢中以祭主人獻尸賓長以肝從尸以
肝擩鹽中以祭故先鄭云以肝肺菹擩鹽醢中以祭彼無
云肝肺擩鹽醢中先鄭連引之耳案彼肝擩鹽中以振祭
嚌之加于肵俎此則是振祭司農云以初時擩于鹽即同
擩祭解之於義不可云繚祭以手從肺本循之至于末乃
絕以祭也者此據鄉飲酒而言云絕祭不循其本直絕肺
以祭也者據鄉射而言云重肺賤肝故初祭絕肺以祭謂
之絕祭至祭之末禮殺之後但擩肝鹽中振之擬之若祭
狀弗祭謂之振祭云重肺者此繚祭絕祭二者皆據肺而

言周貴肺故云重肺云賤肝者司農意上云以肝擩于鹽
據特牲少牢尸食後賓長以肝從之意云故初祭絕肺以
祭謂之絕祭者此絕祭依特牲少牢無此絕祭之事於義
不可云至祭之末禮殺之後但擩肝鹽中振之擬之若祭
狀者此還據少牢擩肝祭而云若祭狀弗祭於義不可引
特牲饋食禮曰取菹擩于醢祭于豆間者此據挼祭而言
也引鄉射禮及鄉飲酒禮證有絕祭之事引少牢禮證有振
祭之事此先鄭所引四文後鄭皆從故增成其義但先鄭
所引特牲少牢皆據一邊而言案特牲少牢皆擩祭振祭
兩有玄謂九祭皆謂祭食者謂生人將食先以少許祭先
造食者故謂之祭食命祭引玉藻彼注云侍食不祭其侍
食之人而君賓客之雖得祭待君命之祭然後祭是命祭
也云衍字當爲延炮字當爲包者衍與炮於義無所取故
破從延與包延祭者曲禮曰賓若降等執食與辭鄭彼注
云辭者辭主人之臨己食若欲食於堂下然云有司曰宰
夫贊者取白黑以授尸者彼注云白謂稻黑謂黍又引曲

禮曰殽之序徧祭之是也者凡祭者皆盛主人之饌故所
設殽羞次第徧祭案公食大夫唯魚腊湇醬不祭以其薄
故也其餘皆祭故謂之周祭云振祭擩祭本同者皆擩但
振者先擩復振擩者不振言不食者擩則祭之者特牲少
牢皆有挼祭挼祭未食之前以菹擩于醢祭于豆閒是不
食者擩則祭之云將食者既擩必振乃祭也者特牲少牢
皆有主人獻尸賓長以肝從尸右取肝擩于鹽振祭嚌之
加于菹豆是謂振祭言將食者振訖嚌之是將食也云絕
祭繚祭亦本同者同者絕之但絕者不繚繚者亦絕故云
本同云禮多者繚之者此據鄉飲酒鄉大夫行鄉飲酒賓賢
能之禮故云禮多所繚之法即司農所引右取肺巳下是也
云禮略者絕則祭之者此據鄉射州長射則士禮故云禮略
者絕則祭之祭法即上先鄭引所鄉射禮取肺坐絕祭是
也云共猶授也王祭食宰夫授祭者此則膳夫職云王祭
食則授是也王謂之膳夫而謂之宰夫者據諸侯是宰夫
云孝經說曰共綏執授者孝經緯文漢時禁緯故云說云

共綏執授者謂將綏祭之時共此綏辨九㩧一曰稽
祭以授尸引之者證共爲授之義
首二曰頓首三曰空首四曰振動五曰吉
㩧六曰凶㩧七曰奇㩧八曰褒㩧九曰肅
㩧以享右祭祀釋曰此九拜之中四種是正拜五
者逐事生名還依四種正拜而爲
之也一曰稽首二曰頓首三曰空首此三者相因而爲之
空首者先以兩手拱至地乃頭至手是爲空首也以其頭
不至地故名空首頓首者爲空首之時引頭至地首頓地
即舉故名頓首一曰稽首其稽稽留之字頭至地多時則
爲稽首也此三者正拜也稽首拜中最重臣拜君之拜二
曰頓首者平敵自相拜之拜三曰空首拜者君荅臣下拜
知義然者案哀十七年公會齊侯盟於蒙孟武伯相齊侯
稽首公則拜齊人怒武伯曰非天子寡君無所稽首公如

孟獻子相公稽首知武子曰天子在而君辱稽首寡君懼矣孟獻子曰以敝邑介在東表密邇仇讎寡君將君是望敢不稽首郊特牲曰大夫之臣不稽首非尊家臣以避君也如是相禮諸侯于天子臣于君稽首禮之正然諸相於大夫之臣及凡自敵者皆當從頓首之拜也如是差之君拜臣下當從空首拜其有敬事亦稽首故大誓云周公曰都懋哉予聞古先哲王之格言以下大子發拜手稽首是其君于臣稽首事洛誥云周公拜手稽首朕復子明辟成王拜手稽首公不敢不敬天之休者此即兩相尊敬故皆稽首九曰肅拜者拜中最輕唯軍中有此肅拜婦人亦以肅拜為正其餘五者附此四種正拜者四曰振動附稽首五曰吉拜附頓首六曰凶拜亦附稽首七曰奇拜附空首八曰褒拜亦附稽首以享侑祭祀者享獻也謂朝踐獻尸時拜侑侑食侑勸尸食時而拜此九拜不專為祭祀而以祭祀結之者祭祀事重故舉以言之

注 稽首拜頭至地也頓首拜頭叩地也空首拜頭至手所謂拜手

也吉拜拜而後稽顙謂齊衰不杖以下者言吉者此殷之
凶拜周以其拜與頓首相近故謂之吉拜云凶拜稽顙而
後拜謂三年服者杜子春云振讀爲振鐸之振動讀爲哀
慟之慟奇讀爲奇偶之奇謂先屈一膝今雅拜是也或云
奇讀曰倚倚拜謂持節持戟拜身倚之以拜鄭大夫云動
讀爲董書亦或爲董振董以兩手相擊也奇拜謂一拜也
褒讀爲報報拜再拜是也鄭司農云褒拜今時持節拜是
也肅拜但俯下手今時撎是也介者不拜故曰爲事故敵
肅使者玄謂振動戰栗變動之拜書曰王動色變一拜答
臣下拜再拜拜神與尸享獻也謂朝獻饋獻也右讀爲侑
侑勸尸食而拜　釋曰稽首拜頭至地頓首拜頭叩地也
者二種拜俱頭至地但稽首至地多時頓首至地則舉故
以叩地言之謂若以首叩物然云空首拜頭至手所謂拜
手也者即尚書拜手稽首云吉拜拜而後稽顙謂齊衰不
杖以下者此謂齊衰已下喪拜而云吉者對凶拜爲輕此
拜先作稽首後作稽顙顙還是頓首但觸地無容則謂之

稽顙云齊衰不杖已下者以其杖齊衰入凶拜中故雜記云父在爲妻不杖不稽顙明知父殁爲妻杖而稽顙是以知此吉拜謂齊衰不杖已下云言吉者此殤之凶拜者案檀弓云拜而後稽顙頹乎其順也稽顙而後拜頎乎其至也三年之喪吾從其至者鄭注云自期如殤可言自期則之齊衰不杖已下用殤之喪拜故云此殤之凶拜也云周以其拜與頓首相近故謂之吉拜者言相近者非謂文相近是拜體相近以其先作頓首後作稽顙稽顙還依頓首而爲之是其拜體相近以其約義故言云以疑之云凶拜稽顙而後拜謂三年服者此雜記云三年之喪即以喪拜非三年喪以其吉拜又檀弓云稽顙而後拜頎乎其至孔子云三年之喪吾從其至者若然上吉拜齊衰不杖已下則齊衰入此凶拜中鄭不言之者以雜記云父在爲妻不杖不稽顙父卒乃稽顙則是適子爲妻有不得稽顙時故略而不言但適子妻父爲主故適子父在不稽顙則衆子爲妻父在亦稽顙不據衆子常稽顙者據雜記成文杜子

春云振讀爲振鐸之振者讀從小宰職振木鐸于朝之振
云動讀爲哀慟之慟者謂從孔子哭顔回哀慟之慟云奇
讀爲奇耦之奇者謂從郊特牲鼎俎奇籩豆耦之奇已上
讀字後鄭皆從之云先屈一膝今雅拜是也或云奇讀曰
倚倚拜謂持節持戟拜身倚之以拜此二者後鄭皆不從
之鄭大夫云動讀爲董書亦或爲董振之董者此讀從左
氏董之以威是董振之董云以兩手相擊此後鄭皆不從
云奇拜謂一拜也一拜者謂君拜臣下案燕禮大射有一
拜之時君荅一拜後鄭從之云褒讀爲報報拜謂再拜是
也後鄭亦從鄭司農云褒拜今之持節拜是也者後鄭不
從云肅拜但俯下手今時揖是也案儀禮鄉飲酒賓客人
門有揖入門之法推手曰揖引手曰揖云介者不拜故曰
爲事故敢肅使者案成十六年晉楚戰於鄢陵楚子使工
尹襄問郤至以弓郤至見客免胄承命又云不敢拜命注
云介者不拜又云君命之辱爲事故敢肅使者三肅使者
而退是軍中有肅拜法案成二年鞌之戰獲齊侯晉郤至

投戟逡巡再拜稽首軍中得拜者公羊之義將軍不介冑故得有拜法玄謂振動戰栗變動之拜書曰王動色變中候我應云季秋七月甲子赤雀銜丹書入豐至昌戶再拜稽首受案今文大誓得火烏之瑞使上附以周公書報誥於王王動色變雖不見拜文與文王受赤雀之命同爲稽首拜也云一拜荅臣下拜再拜拜神與尸此二者𣪠鄭大夫之義知再拜拜神與尸者案特牲禮祝酌奠於鉶南主人再拜祝在左也再拜於尸謂獻尸尸拜受主人拜送是也天子諸侯亦當然或解一拜荅臣下亦據祭祀時以其宴禮君荅拜臣或再拜時故也云享獻也謂朝獻饋獻也者以祭祀二灌之後唯有朝踐饋獻稱獻故知享獻據朝踐饋獻時也云右讀爲侑侑勸尸食而拜者案特牲尸食祝侑主人拜少牢主人不言拜侑故知侑尸時有拜

凡大禋祀肆享祭示則執明水火而號祝注明水火司烜所共日月之氣以給烝享執之如以六號

祝明此圭絜也禋祀祭天神也肆享祭宗廟也故書祇爲
祊杜子春云祊當爲祇　釋曰知明水火司烜所共日月
於月彼雖不云氣此水火皆由日月之氣所照得之故以
之氣者案司烜氏職云以夫遂取明火於日以鑒取明水
氣言之云以給烝享執之如以六號祝明此圭絜也者經
云執明水火而號祝明知六號皆執之明絜也號祝執明
水火明主人圭絜之德云禋祀祭天神也者大宗伯昊天
稱禋日月稱實柴司中之等稱槱燎通而言之三者之禮
皆有禋義則知禋祀天神通星辰已下云肆享祭宗廟也
者案宗伯宗廟之祭六等皆稱享則此含六種之享杜子
春云祊當爲祇宗
伯血祭已下是也

**隋釁逆牲逆尸令鍾鼓右**

**亦如之**

注隋釁謂薦血也凡血祭曰釁既隋釁後言逆
牲容逆鼎右讀亦當爲侑　釋曰鄭云隋釁謂
薦血也賈氏云釁釁宗廟馬氏云血以塗鍾鼓鄭不從而
以爲薦血祭祀者下文云旣祭令徹則此上下皆是祭祀

之事何得於中輒有釁廟塗鼓直稱釁何得兼言隋故爲
祭祀薦血解之鄭云凡血祭曰釁者此經文承上禋祀肆
享祭祀之下即此血祭之中含上三祀但天地薦血于座
前宗廟即血以告殺故言凡血祭曰釁云既隋釁後言逆
牲容逆鼎者凡祭祀之法先逆牲後隋釁令隋釁在前逆
牲在後者以其鼎在門外薦血後乃有爛孰之事逆鼎而
入故云容鼎知鼎在門外者案中霤禮竈在廟門外之東
主人迎鼎事云右讀亦爲侑者亦上九拜之下享右之字
皆爲侑

**來瞽令皋舞**注皋讀爲卒嘷呼之嘷來嘷者皆謂呼之入　釋曰皋讀爲卒
嘷呼之嘷者依俗讀云來嘷者皆謂呼之入者經云瞽人
擬升堂歌舞謂學子舞人瞽人言來亦呼之乃入皋舞令
呼亦來入故鄭云來嘷皆謂呼之入也

**相尸禮**注延其出入詔其坐作　釋曰凡言相尸者詔事皆相
故以出入作解之尸出入者謂祭初延之入二灌訖退出
坐于堂上南面朝踐饋獻訖又延之入室言詔其坐作者

郊特牲云詔祝於室坐尸于堂饋獻訖又入室坐言作者凡坐皆有作及與主人荅拜皆有坐作之事故云詔其坐作也

**旣祭令徹** 釋曰祭訖尸謖之後大祝命徹祭器即詩云諸宰君婦廢徹不遲是也

**大喪始崩以肆鬯渳尸相飯贊斂徹奠** 注肆鬯所爲陳尸設鬯也鄭司農云渳尸以鬯浴尸 釋曰此經皆是大祝之事云始崩以肆鬯渳尸者肆陳也渳浴也王喪始崩陳尸以鬯浴尸取其香美云相飯者浴訖即飯含故言相飯也不言相含者大宰云大喪贊贈玉含玉此故不言云贊斂者小斂十九稱在戶內大斂百二十稱在阼階冬官主斂事大祝贊之徹者小祝注云奠奠爵也謂正祭時此文承大喪之下故奠爲始死之奠小斂大斂奠並大祝徹之

**言甸人讀禱付練祥掌國事** 釋曰旣殯之後大祝爲禱辭與甸人言猶語也故言語甸人讀

禱辭代王受眚災云付練祥掌國事者祔謂虞卒哭後祔祭於祖廟練謂十三月小祥練祭祥謂二十五月大祥除衰杖此三者皆以國事大祝掌之故云掌國事也

**注** 鄭司農云甸人主設復梯大祝主言問其具梯物玄謂言猶語也禱六辭之屬禱也甸人喪事代王受眚災大祝爲禱辭語之使以禱於藉田之神也付當爲祔祭於先王以祔後死者掌國事辨護之

釋曰先鄭云甸人主設復梯大祝主言問其具梯物者此文承贊斂之下則是既殯之事始云設復梯者故後鄭不從玄謂禱六辭之屬禱也者此經讀禱則六辭之中五曰禱故云六辭之禱也云甸人喪事代王受眚災者案甸人職云喪事代王受眚災彼注云粢盛者祭祀之主也今國遭大喪若云此黍稷不馨使鬼神不逞於王既殯大祝作禱辭授甸人使以禱藉田之神受眚災彌後殃彼注與此意同言彌後殃者今王已崩雖無赦爲後王而謝過故云彌後殃鄭知既殯後者此文承贊斂之下斂訖則殯故知此讀禱在既殯之後也云

付當爲祔祭於先王以祔後死者案喪服小記以孫祔于祖以其昭穆同先王即祖也故云祭於先王祔後死者云掌國事辨護之者辨護之中𣴎文案中候握河紀云堯受河圖時伯禹進迎舜契陪位稷辨護注云進迎接神也稷官名謂棄辨護者供時用相禮儀引之以證掌國事則此大祝於祔練祥之時共其祭用之物及相其禮儀也

## 國有大故天烖彌祀社稷禱祠

注大故兵寇也天烖疫癘水旱也彌猶徧也徧祀社稷及諸所禱既則祠之以報焉 釋曰鄭知大故兵寇也者下列云天烖故知大故直是兵寇也知天烖疫癘水旱者見宗伯云以荒禮哀凶札鄭注云荒人物有害又云弔禮哀禍烖注云禍烖謂水火此皆是天烖流行故云天烖謂疫癘水旱云彌猶徧也徧祀社稷及諸所禱案小祝云彌烖兵彌爲安此彌爲徧不同者義各有所施彼是烖兵之事故彌爲安此禱祀之事靡神不舉以彌爲徧云既則祠之以報焉者以其始爲曰禱得求曰祠故以

報賽解祠大師宜于社造于祖設軍社類上帝國將有事于四望及軍歸獻于社則前祝

釋曰此經六事皆大祝所掌言大師者王出六軍親行征伐故曰大師云宜于社者軍將出宜祭於社即將社主行不用命戮於社云造於祖者出必造即七廟俱祭取遷廟之主行用命賞于祖皆載於齋車云設軍社者此則據社在軍中故云設軍社云類上帝者非常而祭曰類軍將出類祭上帝告天將行云國將有事於四望者謂軍行所過山川造祭乃過及軍歸獻于社者謂征伐有功得囚俘而歸獻捷于社案王制云出征執有罪反以釋奠于學注云釋菜奠幣禮先師也引詩執訊獲醜則亦獻于學云則前祝者此經六事皆大祝前辭一

注鄭司農說設軍社以春秋傳曰所謂君以師行釁鼓祝奉以從者也則前祝大祝自前祝也玄謂前後社

祝者王出也歸也亦有事於此神大祝居前先以祝辭告之　釋曰司農引春秋傳者定六年左氏傳案彼祝佗云君以軍行者師則軍也故尚書云大巡六師詩云六師及之皆以師名軍引之者證社在軍謂之軍社之事玄謂前祝者王出也歸也將有事於此神據此經四望巳上爲出時獻於社爲歸時皆大祝前祝以辭告之案尚書武成丁未祀于周廟庚戌柴望皆是軍歸告宗廟告天及山川即此經竝時告之歸亦告之此經上帝四望不見歸時告故鄭揔云王出也歸也而將有事於此神以該之

**大會同造于廟宜于社過大山川則用事焉反行舍奠**

釋曰大會同者王與諸侯時見曰會殷見曰同或在畿內或在畿外亦告廟而行云造者以其非時而祭造次之意即上文造于祖一也云反行舍奠者曲禮云出必告反必面據生時人子出入之法今王出行時造于廟將遷廟主行反行還祭七廟非時而祭曰

奠故云反　用事亦用祭事告行也玉人職有宗祝以
行舍奠也**注**黃金勺前馬之禮是謂過大山川與曾子
問曰凡告必用牲幣反亦如之　釋曰言用事亦用祭事
告行也者言亦如上經大師用祭事告行引玉人職者案
玉人職大璋中璋九寸邊璋七寸射四寸厚寸黃金勺青
金外天子以巡守宗祝以前馬此云有宗祝以黃金勺前
馬之禮非是彼正文義略言之耳云是謂過大山川與者
彼不云過山川此言過大山川此不言用黃金勺彼言以
黃金勺以義約爲一故言與以疑之彼注云大山川用大
璋中山川用中璋小山川用邊璋此直見過大山川不見
中小者欲見中小山川共大山川一處直告大山川不告
中小故不見中小山川各自別處則用中璋邊璋此所過
山川非直用黃金勺酌獻而已亦有牢故校人職云將有
事於四海山川則飾黃駒注云四海猶四方王巡守過大
山川則有殺駒以祈沈之禮與是其牲牢也引曾子問曰
凡告必用牲幣反亦如之者案彼注破牲爲制此用牲幣

不破之者彼文不取牲義直取出告反亦告而已故破牲爲制於此經告用牲知者王制云歸假于祖禰用特堯典亦云歸格于藝祖用特校人有飾黃駒之文則知此經出入皆有牲禮故不破牲爲制

**建邦國先告后土用牲幣**

注后土社神也

釋曰案大宗伯王大封則先告后土注云后土土神則社神也案孝經緯云社者五土之揔神郊特牲云社祭土而主陰氣故名社爲土神勾龍生爲后土之官死則配社故舉配食人神以言社其實告社神也以其建邦國土地之事故先告后土雖告祭非常有牲有幣禮動不虛故也

**禁督逆祀命者**

釋曰王者有命命諸侯祭祀之事不使上僭下逼謂之禮若有違者即謂之逆命大祝掌鬼神之官故禁正逆祀命也

注督正也正王之所命諸侯之所祀有逆者則刑罰焉

釋曰經直云禁督逆祀命鄭以諸侯解之者承上建邦國故知據諸侯云有逆者則刑罰焉者大

祝主諸侯逆祀告上與之刑罰不得自施刑罰頒祭號于邦國都鄙注祭號六號　釋曰邦國謂畿外諸侯都鄙畿內三等采地大祝主祭號故大祝頒之六號之中兼有天地諸侯不得祭天地而鄭云祭號六號鄭據大祝掌六號據上成文而言魯與二王之後得祭所感帝兼有神號

小祝掌小祭祀將事侯禳禱祠之祝號以祈福祥順豐年逆時雨寧風旱彌烖兵遠辠疾　釋曰掌小祭祀者即是將事侯禳已下禱祠之事是也小祭祀與將事侯禳已下作目將事侯禳禱祠祝號又與祈福祥順豐年已下爲目祈福祥順豐年逆時雨三者皆是侯寧風旱彌烖兵遠辠疾三者即是禳求福謂之禱報賽謂之祠皆有祝號故揔謂之禱祠之祝號祈福祥已下不言一曰二曰者大祝已言訖小祝佐大祝行事

故略而不言亦欲見事起無常故不言其次第注㨾之言候也候嘉慶祈福祥之屬禳禳卻凶咎寧風旱之屬順豐年而順爲之祝辭逆迎也彌讀曰敉敉安也釋曰候之言候也候嘉慶祈福祥之屬者之屬中兼有順豐年逆時雨嘉善也此三者皆是善慶之事故設祈禱候迎之云禳禳卻凶咎寧風旱之屬者之屬中兼有彌災兵遠辠疾三者是凶咎之事故設禱祠禳卻之云順豐年而順爲之祝辭者案管子云倉廩實知禮節衣食足知榮辱意皆欲如此是豐年順民意也故設祈禮以求豐年而順民致云爲之祝辭也云彌讀曰敉敉安也者案洛誥云亦未克敉公功注云敉安也故知此彌讀曰敉敉安也大祭祀逆齍盛送逆尸沃尸盥贊隋贊徹贊奠釋曰云逆齍盛者祭宗廟饋獻後尸將入室食小祝於廟門外迎饎人之齍盛於廟堂東實之薦於神座前送逆尸者爲始祭迎尸而入祭未送尸而出祭義

云樂以迎來哀以送往是也云沃尸盥者尸尊不就洗案特牲少牢尸入廟門盥於盤其時小祝沃水云贊隋者案特牲少牢尸始入室拜妥尸尸隋祭以韭菹擩于醢以祭於豆間小祝其時贊尸以授之云贊徹者大祝云旣祭命徹諸宰君婦徹時小祝贊之云贊奠者大祝酌酒奠于鉶南則郊特牲注天子奠斝諸侯奠角小祝其時贊之

**注** 隋尸之祭也奠奠爵也祭祀奠先徹後反言之者明所佐大祝非一　釋曰主人受尸酢時亦有隋祭但此經贊隋文承逆尸沃尸之下故隋是尸之祭也云奠奠爵也者則特牲祝酌奠于鉶南是也云祭祀奠先徹後者奠爵在尸食前徹在尸謖後故云奠先徹後云反言之者經先言徹後言奠反言之者欲見所佐大祝非一故倒文以見義

**凡事佐大祝** 注唯大祝所有事有事皆佐大祝故鄭云唯大祝所有事　釋曰經云凡事諸乃佐之據大祝職不言之者或佐餘官或小祝尊行之也若然佐大祝不在職未言之於此見文者欲自此已上有

佐大祝者自此已下唯大喪贊
湢佐大祝設熬以下小祝專行

# 大喪贊湢

佐故書
湢爲插

杜子春云當爲
湢湢謂浴尸

# 設熬置銘

釋曰熬謂熬穀殯在堂時
設於棺旁所以惑蚍蜉云

置銘者銘謂銘旌書死者名
既殯置於階西上所以表柩

注

銘今書或作名鄭司農
云銘書死者名於旌今謂

之柩士喪禮曰爲銘各以其物亡則以緇長半幅赬末長終幅廣三寸書名于末曰某氏某之柩竹杠長三尺置于西階上重木置于中庭叄分庭一在南粥餘飯盛以二鬲縣于重冪用葦席取銘置于重杜子春云熬謂重也檀弓曰銘明旌也以死者爲不可別故以其旗識之愛之斯録之矣敬之斯盡其道焉爾重主道也殷主綴重焉周主徹重焉奠以素器以主人有哀素之心也玄謂熬者棺既蓋設於其旁所以惑蚍蜉也喪大記曰熬君四種八筐大夫三種六筐士二種四筐加魚腊焉士喪禮曰熬黍稷各二筐有魚腊饌于西坫南又曰設熬旁一筐乃塗　釋曰銘

今書或作名者非古書出見今周禮或作名以其銘書死
者名亦得通一義故司農以名解之司農云銘書死者名
於旌今謂之柩者銘所以表柩故漢時謂銘爲柩士喪禮
曰爲銘各以其物者謂爲銘旌用生時旌旗但诂而小案
士喪禮注王則大常諸侯則建旂孤卿建旜大夫士建物
云亡則以緇長半幅者士無也爲生時無旌旗子男之士
不命是也生時無旌旗故用緇長半幅長一尺云赬末長
終幅廣三寸者依爾雅一入赤汁謂之縓再入謂之赬赬
赤色繒也長終幅長二尺云書名于末者書死者名於赬
末之上云曰某氏某之柩者某氏是姓下某是名此謂士
禮案喪服小記云周天子諸侯大夫書銘並與士同云竹
杠長三尺者依禮緯天子旌旗之杠九仞諸侯七仞大夫
五仞士三仞令士三尺者則天子以下皆以尺易仞云置
于西階上者始死即作銘倚于重殯訖置於西階上屋宇
下云重木以下亦士喪禮文經雖不言重士喪禮有取銘
置于重是以因銘兼解重言粥餘飯者飯米與沐米同案

喪大記君沐粱大夫沐稷士沐粱諸侯士沐稻天
子當沐黍飯米之餘以爲粥成以二鬲案鄭注士喪禮鬲
與簋同差天子八諸侯六大夫四士二云取銘置于重者
謂未殯以前殯訖則置于西階上是也杜子春云熬謂重
設熬訖置銘於熬上事相當故以熬爲重故鄭以熬與重
也者以士喪禮云取銘置於重與此經云設熬置銘亦謂
所設不同故不從也引檀弓者子春既解熬爲重遂引銘
與重爲證耳云銘明旌也者謂神明死者之旌故云明死
者之銘云愛之斯録之矣敬之斯盡其道焉爾鄭彼注謂
重與奠則斯録之據重斯盡其道據奠以是子春引證重
則取愛之斯録之不取敬之斯盡其道連引之耳云重主
道也者始死作重葬後乃有主是始死雖未有主其重則
是木主之道故云重主道也云殷主綴重焉者鄭彼注云
殷人作主而聯其重懸諸廟也去顯考乃埋之謂始死作
重之時至葬後作木主乃綴連重之鬲懸於祖廟大祥遷
廟乃埋重於廟門外之左故云殷主綴重焉云周主徹重

焉者周人不綴重亦死始作重至葬朝廟重先柩從入祖廟朝廟訖明且將葬重先出倚于道左葬後旣虞埋於所倚之處故鄭注云周人作主徹重埋之云奠以素器以主人有哀素之心也者杜子春連引於經無所當㞢謂熬者棺旣蓋設於其旁者約士喪禮而知云所以惑蚍蜉也者無正文鄭君以意解之以其熬穀似蚍蜉蚍蜉見之不至棺旁故言惑云喪大記曰熬君四種八筐者黍稷稻粱各二筐云大夫三種六筐者黍稷粱各二筐云士二種四筐者黍稷各二筐云加魚腊焉者君大夫士同云士喪禮曰熬黍稷各二筐有魚腊饌于西坫南者堂西南隅謂之坫饌於此者據未用時加之蓋後設於棺旁云又曰設熬旁一筐乃塗者此皆所設之處言旁一筐則首足各一筐大夫亦旁各二筐首足各一筐君八筐左右各二筐首足亦各二筐鄭君引此者將以破子春爲重　及葬

設道齎之奠分禱五祀　釋曰齎送也送道之奠謂將葬於祖廟之庭設

大遣奠遣送死者放謂之送道之奠因注杜子春云齋
分此奠以告五記言王去此宮中也當爲粢道中
祭也漢儀每街路輒祭玄謂齋猶送也送道之奠謂遣奠
也分其牲體以祭五祀告王去此宮中不復反故與祭祀
也王七祀祀五者司命大厲平生出入不以告　釋曰子
春云讀齋爲粢粢謂黍稷以爲道中祭也者引漢法爲證
猶送也送道之奠謂遣奠也者案既夕禮祖廟之庭厥明
後鄭不從者案既夕禮祖廟之庭禮道中無祭法玄謂齋
設大遣奠包牲取下體是也云分其牲體以祭五祀告王
去此宮中不復反者言分牲體者包牲而取其下體下體
之外分之爲五處祭也云王七祀者祭法文云司命大厲
平生出入不以告者案月令春祀戶夏祀竈季夏祀中霤
秋則祀門冬則祀行此並是人之以所由從之處非直四
時合祭所以出入亦宜告之案祭法王七祀之中有司命
大厲此經五祀與月令同月令不祭司命及大厲之等比不祭則
可知既夕士禮亦云分禱五祀者鄭注云博求之依祭法士二祀

大師掌釁𧀼祈號祝釋曰言掌釁者據大師氏之文而言耳則唯爲以血釁鼓祈號

祝者將出軍禱祈之禮皆小祝號以讀祝辭蓋所以令將軍祈而請之也此皆小事故大師用小祝以讀祝耳

注鄭司農云釁謂釁鼓也春秋傳曰君以軍行祓社釁鼓祝奉以從　釋曰引春秋傳曰者定四年祝佗辭引之者證軍師有釁鼓之事所引之辭者將以登軍師有必取威於天下欲使敵人畏之也所以必有征伐四方之事故須用血以釁於鼓故有釁鼓之事

有寇戎之事則保郊祀于社

注故書祀或作禩鄭司農云謂保守郊祭諸祀及社無令寇侵犯之杜子春讀禩爲祀書亦或爲祀玄謂保祀互文郊社皆守而祀之彌烖兵　釋曰先鄭云謂保守郊祭諸祀及社者先鄭之義經之祀謂祀神故云祭諸祀及社後鄭不從者以其經祀爲諸祀祀與社文孤不見祭事故祀於社共爲一事解之玄謂保祀互文者郊言保守亦祀社

言祀亦保守故云郊社皆守而祀之云彌烖兵者經言有寇戎之事則一是烖兵故引小祝彌烖兵而解之

**凡外內小祭祀小喪紀小會同小軍旅掌事焉**

釋曰外內小祭祀者案小司徒小祭祀奉牛牲鄭注云小祭祀王玄冕所祭案司服羣小祀用玄冕鄭注云小祭祀謂林澤四方百物是外小祭祀也其內小祀謂宮中七祀之等小喪紀者王后以下之喪小會同謂諸侯遣臣來王使卿大夫與之行會同之禮小軍旅者王不自行遣卿大夫征伐掌事者此數事皆小祝專掌其事也

周禮疏卷第二十九

# 周禮疏卷第三十

唐朝散大夫行大學博士弘文舘學士臣賈公彥等撰

喪祝掌大喪勸防之事注鄭司農云勸防引柩也杜子春云防當爲披玄謂勸猶倡帥前引者防謂執披備傾虧　釋曰先鄭云勸防引柩後鄭不從者但引者天子千人執六引在柩車前防謂披在柩車傍備傾虧二者別司農共爲一故不從子春云防當爲披義無所取故不從玄謂勸猶倡帥前引者即下經御柩一也謂執纛居柩路前却行左右車脚有高下則以纛詔告執披者使持制之不至傾虧倡先也故云倡帥前引者云防謂執披備傾虧者案夏官司士作六軍之執披故以執披解防恐柩車傾側故云備傾虧此經勸防因言所掌事及其行事下文及朝御柩是也

及辟令啓注鄭司農云辟謂除菆塗椁也令啓

謂喪祝主命役人開之也檀弓曰天子之殯也菆塗龍輴以椁加斧于椁上畢塗屋天子之禮也　釋曰先鄭云辟謂除菆塗椁也者天子七月而葬七日殯殯時以椁菆塗其棺及至葬時故命役人開之引檀弓曰天子之殯也菆塗龍輴以椁者天子諸侯殯用輴車天子畫轅爲龍先置龍輴於西階之上又置四重棺於輴車之中大斂於阼階訖奉尸入棺加蓋乃置熬於棺傍乃於椁攢其四面與棺平乃加斧於棺上以覆棺上更加之以椁材乃畢塗之如四面霤屋故云菆塗龍輴以椁加斧於上畢塗屋天子之禮也加斧於椁上者案檀弓云布幕衛綃幕魯布幕諸侯法綃幕天子禮刺以黼文謂之斧者形如大斧文言上者加斧訖乃攢塗其上故言加斧於椁上　**及朝**

**御匶乃奠**　釋曰言及朝者及猶至也謂侵夜啓殯昧爽朝廟故云及朝云御柩者發殯宮輴車載至廟其時喪祝執纛居前以御正柩也云乃奠者案既夕禮朝廟之時重先奠從燭從柩從彼奠昨夜夕奠至廟下棺

於廟兩楹之間西設此宿奠至明徹去注鄭司農云朝宿奠乃設此朝於廟之奠於柩西故云乃奠注謂將葬朝於祖考之廟而後行則喪祝為御柩也檀弓曰喪之朝也順死者之孝心也其哀離其室也故至於祖考之廟而後行殷朝而殯於祖周朝而遂葬故春秋傳曰凡夫人不殯于廟不祔于姑則弗致也晉文公卒將殯于曲沃就宗廟晉宗廟在曲沃故曰曲沃君之宗也又曰丙午入于曲沃丁未朝于武宮玄謂乃奠朝廟奠 釋曰先鄭解朝廟法後鄭皆從之不取引檀弓云殷朝而殯於祖者殷人殯於廟始死斂訖即以柩朝廟而殯之故云殷朝而殯於祖云周朝而遂葬者周人不殯於廟故始死殯於路寢七月而葬又柩朝七廟先禰而後祖廟別一宿後朝始祖廟遂出葬於墓故云周朝而遂葬云故春秋傳曰凡夫人不殯于廟者此僖八年左氏傳秋七月禘于大廟用致夫人傳曰秋禘而致哀姜焉非禮也凡夫人不薨于寢不殯于廟不赴于同不祔于姑則弗致也注云寢小寢同同盟言諸侯夫人

有罪不以禮終不當致云晉文公卒將殯于曲沃此左氏僖公三十二年晉文公卒庚辰將殯於曲沃就宗廟臣下鄭君解義語晉宗廟在曲沃者晉承桓叔之後桓叔本在曲沃故晉宗廟在曲沃云故曰曲沃君之宗也者莊二十八年左氏傳驪姬欲立其子賂外嬖梁五與東關嬖五使言於公曰曲沃君之宗也不可以無主夏大子居曲沃是也又曰丙午入于曲沃丁未朝于武宮此僖二十四年二月壬寅公子重耳入於晉丙午入曲沃丁未朝於武宮案趙商問周朝而遂葬則是殯于宮葬乃朝廟案春秋晉文公卒殯于曲沃是為去絳就祖殯與禮記義異未通其記荅曰葬乃朝廟當周之正禮也其末世諸侯國何能同也傳合不合當解傳耳不得難經何者既夕將葬遷于祖用軸既夕是周公正經朝廟乃葬故云不得難經孔子發凡言不薨于寢不殯于廟不祔于姑則不致明正禮約殯于廟發凡則是關異代何者孔子作春秋以通三王之禮先鄭引之者欲見春秋之世諸侯殯于廟亦當朝廟乃殯玄

謂乃奠覲廟奠者以經文奠在朝下明不據初來宿奠是據厥明所設朝廟之奠**及祖飾棺乃**

**載遂御**釋曰言及祖者及至也初朝禰次第朝親廟四次廟二祧次朝始祖后稷之廟至此廟中設祖祭案既夕禮請祖期曰日側是至祖廟之中而行祖祖始也爲行始言飾棺乃載者既載乃飾案既夕禮遂匠納車於階間却柩而下棺乃飾棺設帷荒之屬飾訖乃還車向外移柩車去載處至庭中車西設祖奠天子之禮亦是先載乃飾棺此先云飾棺後言乃載者直取便文非行事之次第云遂御者加飾訖移柩車喪祝執纛却行御正柩故云遂御之**注**鄭司農云祖謂將葬祖於庭象生時出則祖也故曰事死如事生禮也檀弓曰飯於牖下小斂於戶內大斂於阼殯於客位祖於庭葬於墓所以即遠也祖時喪祝主飾棺乃載遂御之喪祝爲柩車御也或謂及祖至祖廟也玄謂祖爲行始飾棺設柳池紐之屬其序載而後飾既飾當還車鄉外喪祝御之御之者執翿居前卻行爲節

度　釋曰先鄭解祖及飾棺其義是故後鄭從之增成其
義云將葬祖於庭者檀弓文云象生時出則祖也者詩云
仲山甫出祖是也云故曰事死如事生禮也者案祭義云
文王之祭也事死如事生義出於彼以其生時出有祖故
死亦有祖檀弓曰飯於牖下至即遠也案檀弓曾子弔於
負夏氏主人既祖奠徹推柩而反之曾子從者怪主人推
柩而反問於曾子曾子對曰胡爲其不可從者問子游子
游對此辭云飯於牖下者謂始死於北墉下遷尸於南牖
下沐浴訖即飯含故云飯於牖下小斂於戶內小斂十九
稱在戶內大斂於阼者士三十稱大夫五十稱諸侯百稱
天子百二十稱皆於阼階故言大斂於阼殯於客位者夏
后氏殯於阼階殷人殯兩楹間周人殯於西階故云殯於
客位祖於庭者行祖祭在祖廟之庭葬於墓者行祖祭訖
至明旦行大遣奠既奠引柩向壙故云葬於墓所以即遠
也者此子游之意從飯於牖下至葬於墓即就也節級皆
是就遠不合反來引之者證此經祖是爲行始向遠之義

云祖時喪祝主飾棺乃載者重解祖及飾載之事云遂御之喪祝爲柩車御也者後鄭增成之云或謂及祖至祖廟也者以其飾載在祖廟中故以祖爲祖廟解之後鄭雖不從亦通一義玄謂祖爲行始此後鄭增成先鄭前解祖也云飾棺設柳池紐之屬者喪大記文柳者諸色所聚帷荒之屬是池紐者君三池纁紐六之屬是也司士云作六軍之士執披彼引喪大記具於此略言也云其序者鄭見經先言飾棺後言乃載車向外於文到故依既夕禮先載而後飾當還車向外以其載時車北向飾訖當還車向外喪祝御之御之者執纛居前郤行爲節度者恐柩車傾虧以纛縣告之故云爲節度也

及葬御匶出宮乃代

注喪祝二人相與更也

釋曰及至也謂於祖廟厥明大奠後引柩車出喪祝於柩車前郤行御柩車出宮乃代者案序官云喪祝上士二人故鄭云二人相與更也

及壙說載除飾

釋曰及至也至壙脫載謂下棺於地除飾謂除去帷荒下棺於

坎訖其帷荒還注鄭司農云壙謂穿中也說載下棺也除入壙張之於棺飾去棺飾也四翣之屬令可舉移安錯之玄謂除飾便其窆爾周人之葬牆置翣釋曰云四翣之屬者案襄公二十五年齊崔杼弒莊公不以君禮葬之案喪大記及禮器士二翣大夫四翣諸侯六翣天子八翣今用四翣是不成君禮也云令可舉移安錯之者除去棺飾者令可舉移安錯於壙中安錯之言出孝經玄謂周人之葬牆置翣者檀弓云周人棺椁周人牆置翣牆謂帷荒與柩爲郭若牆然故謂之牆言置翣者翣在道柩車傍人執之入壙置之於椁傍故置也引之者證飾既除還入壙設之義也

**小喪亦如之**釋曰小喪王后世子已下之喪自掌勸防已下至除飾皆據王喪其小喪亦有勸防已下之事故云亦如之

**掌喪祭祝號**注喪祭虞也檀弓曰葬日虞不忍一日離也是日也以虞易奠卒哭曰成事是日也以吉祭易喪祭釋曰引檀弓云葬日虞不忍一日離也者葬日設大遣奠而出葬

訖反日中而虞送形而往迎魂而反虞者安也葬日虞祭所以安神不使父母一日離散故設虞祭也云是日也以虞易奠者葬日反日中而虞奠者自未葬已前始死之後皆是今旣葬是以虞易奠也云卒哭曰成事是日也以吉祭易喪祭者喪中自相對虞爲喪祭卒哭爲吉祭士虞禮始虞曰哀薦祫事再虞曰哀薦成事三虞曰哀薦成事卒哭祝辭亦稱成事也祭以吉爲成故云是日也以吉祭易喪祭引之者證經喪祭是虞也

王弔則與巫前

釋曰王弔者諸侯諸臣死王就室弔之喪祝與男巫在王前也注鄭司農云喪祝與巫以桃厲執戈在王前檀弓曰君臨臣喪以巫祝桃茢執戈惡之也所以異於生也春秋傳曰楚人使公親襚公使巫以桃茢先祓殯楚人弗禁旣而悔之君臨臣喪之禮故悔之　釋曰先鄭云喪祝與巫以桃厲執戈在王前者桃者鬼所惡茢萑苕所以埽不祥桃茢二者祝與巫執之執戈者是小臣也案喪大記小臣二人執戈立於前二人立於後彼是諸侯法王弔亦然故兼言執戈檀弓曰君臨臣喪以巫

祝桃茢執戈惡之是天子之禮故引之言惡之也所以異於生也者死者之傍有凶邪之氣故須桃茢以惡之是異於生春秋傳曰者是襄二十九年左傳文案傳襄公朝於荆康王卒楚人使公襲襲者臣子之事欲使公行臣禮公使巫以桃茢祓殯楚人弗禁楚者不知禮故不禁既而悔之者後覺始悔是君臨臣喪之禮故悔之引之者證經喪祝與巫前有桃茢之事案檀弓云使公襲左傳云禭不同者禭即襲也襲時未殯而云祓殯者名尸爲殯耳掌

勝國邑之社稷之祝號以祭祀禱祠焉釋曰以祭祀禱祠者祭祀謂春秋正祭禱祠謂國有國祈請求福曰禱得福報賽曰祠注勝國邑所誅討者社稷者若亳社是矣存之者重神也蓋奄其上而棧其下爲北牖釋曰云勝國邑所誅討者古者不滅國有違逆被誅討者更立其賢子弟還得事其社稷今云勝國之社稷者爲據武王伐紂取其社稷而事之故云若亳社是矣也據其地則

曰亳據彼國喪亡即爲亡國之社稷此注勝之即爲勝國之社稷是以郊特牲云喪國之社春秋謂之亳社也云存之者重神也者君自無道被誅社稷無罪故存之是重神也云蓋奄其上而棧其下爲北牖者案哀公四年夏六月辛丑亳社災公羊傳曰亡國之社蓋揜其上而柴其下爲北牖者郊特牲文郊特牲喪國之社必屋之爲北牖不受天陽使陰明公羊云揜其上即屋之一也棧其下者非直不受天陽亦不通地陰

**喪掌事而斂飾棺焉** 釋曰言掌事者雖禮有降殺勸防以下皆掌之兼主 **凡卿大夫之** 斂事故總云掌事而斂飾棺焉

**甸祝掌四時之田表貉之祝號** 釋曰言掌四時之田表貉之祝號者四時田即大司馬所云春蒐夏苗秋獮冬狩案大司馬大閱禮云既陳乃設驅逆之車有司表貉於陳前當此貉祭

之時田祝爲號 注 杜子春讀貉爲百爾所思之百書亦或爲禡貉兵祭也甸以講武治兵故有兵祭詩曰是類是禡爾雅曰是類是禡師祭也玄謂田者習兵之禮故亦禡祭禱氣埶之十百而多獲 釋曰子春云讀貉爲百爾所思之百讀從毛詩後鄭從之增成其義云書亦或爲禡者毛詩爾雅皆爲此字云貉兵祭也者爾雅云禡師祭是也引詩云是類是禡者大雅皇矣之詩也玄謂田者習兵之禮故亦禡祭者詩與爾雅禡出征之祭田是習兵故亦禡祭云禱氣埶之十百而多獲者應十得百望多獲禽牲此解禡字之意

舍奠于祖廟禰亦如之 釋曰天子將出告廟而行言釋奠於祖廟者非時而祭即曰奠以其不立尸奠之言停停饌具而已七廟俱告故祖禰并言 注 舍讀爲釋釋奠者告將時田若將征伐鄭司農云禰父廟 釋曰舍讀爲釋者周禮禮記多爲舍字鄭讀皆爲釋云釋奠者告將時田若將征伐者此經上下唯言時田不言征伐案大祝大師造于祖

大會同造于廟皆造
祖禰故兼言征伐

師甸致禽于虞中乃屬禽

及郊饁獸舍奠于祖禰乃禽禂牲禂馬皆

掌其祝號注師田謂起大衆以田也致禽於虞中使獲者各以其禽來致于所表之處屬禽別其種類饁饋也以所獲獸饋於郊薦于四方羣兆入又以奠于祖禰薦且告反也斂禽謂取三十入腊人也杜子春云禂禱也爲馬禱無疾爲田禱多獲禽牲詩云既伯既禱爾雅曰既伯既禱馬祭也玄謂禂讀如伏誅之誅今侏大字也爲牲祭求肥充爲馬祭求肥健　釋曰云致禽於虞中使獲者各以其禽來致於所表之處者若田獵在山山虞植旗田獵在澤澤虞植旌名旌旗爲表故解致禽于虞中者使獲者各以其禽來致於所表之處也云屬禽別其種類者禽獸既致於旌旗之所甸祝分別其種類麋鹿之類各爲一所云饁饋也以所獲獸饋於郊薦於四方羣兆者案

小宗伯兆五帝於四郊四類四望亦如之兆山川丘陵各
於其方是其四郊皆羣神之兆今田獵在四郊之外還國
必過羣兆故將此禽獸薦於羣兆直以禽祭之無祭事云
入又以奠於祖禰薦且告反也者上經舍奠於祖廟謂出
時今此舍奠在饁獸之下是告反也言薦者又以所獲禽
牲薦廟也云斂禽謂取三十者案穀梁毎禽擇取三十知
入腊人者案腊人云掌凡田獸之脯腊案王制一爲乾豆
二爲賓客三爲充君之庖此入腊人者據上殺者乾之以
爲豆實供祭祀其餘入賓客庖廚直入腊人者據祭祀重
者而言脯非豆實而言乾豆者以脯爲醢故醢人注云作
醢及臡者先膊乾其肉乃後莝之雜以粱麴及鹽漬以美
酒塗置甀中百日則成矣是也杜子春云禂禱也爲馬禱
無疾己下後鄭皆不從者以凡言牲者卜日曰牲據祭祀
之牲不得據田獵之獸又禂不得爲禱祈字玄謂禂讀如
伏誅之誅者此俗讀也時有人甘心惡伏誅故云伏誅之
誅此從音爲誅云今侏大字也者今漢時人傍侏是侏大

之字此取肥大之意故云爲牲祭求肥充解經禂牲云爲
馬祭求肥健釋經禂馬鄭旣解禂爲大知此皆有祭者以
此六言皆掌其祝
號是有祭事

詛祝掌盟詛類造攻說禬禜之祝號注八者之辭皆所以
告神明也盟詛主於要誓大事曰盟小事曰詛 釋曰此
八者之内類造已下是大祝六祈大祝不掌祝號故此詛
祝與盟同爲祝號秋官自有司盟之官此詛祝兼言之者
司盟直掌盟載之法不掌祝號與載辭故使詛祝掌之云
大事曰盟小事曰詛者盟者盟將來春秋諸侯會有盟無詛
詛者詛往過不因會而爲之故云大事曰盟小事曰詛也

作盟詛之載辭以叙國之信用以質邦國之
劑信 釋曰云作盟詛之載辭者爲要誓之辭載之於策
人多無信故爲辭對神要之使用信故云以叙國

之信用云以質邦國之劑信者質正也成也亦爲此盟詛之載辭以成正諸侯邦國之劑謂要劵故對神成正之使不犯

注載辭爲辭而載之於策坎用牲加書于其上也國謂王之國邦國諸侯國也質正也成也文王脩德而虞芮質厥成鄭司農云載辭以春秋傳曰使祝爲載書

釋曰言爲辭而載之于策者若然則策載此辭謂之載云坎用牲加書于其上也者案襄二十六年左氏傳云宋寺人伊戾坎用牲加書爲世子痤僞與楚客盟司盟注具引此文於此注略也引春秋者據載出而言知者案司盟掌盟載之法彼注云載盟辭也盟者書其辭於策即是此載辭也又注云殺牲取血坎其牲加書於上而埋之謂之載書即引春秋宋寺人之事明此坎用牲加書於其上據載書而言以此言之則書辭於策謂之載辭加書於牲上謂之載書司盟掌載書詛記掌載辭此注兼言坎用牲加書之事者事相因故兼解之云國謂王之國邦國諸侯國也者周禮體例單言國者皆據王國邦國連言者皆據諸侯故爲此

解云文王脩德而虞芮質厥成者大雅文王詩也彼訓質爲成成爲平謂成其平和之事引之者證質爲成義先鄭引春秋傳曰者案哀二十六年左氏傳云宋大尹使祝爲載書司農之意以載辭與載書爲一得通一義故引之在下

司巫掌羣巫之政令若國大旱則帥巫而舞雩 釋曰掌羣巫之政令者下文男巫女巫皆掌之云若國大旱則帥巫而舞雩者謂帥女巫已下是以女巫職云旱暵則舞雩亦據脩雩而言也 注雩旱祭也天子於上帝諸侯於上公之神鄭司農云魯僖公欲焚巫尪以其舞雩不得雨 釋曰言雩旱祭也者經云國大旱而舞雩明雩是旱祭是以春秋緯考異郵云雩者呼嗟求雨之祭云天子於上帝諸侯於上公之神知者案禮記月令大雩帝習盛樂據天子雩五帝案彼下文命百縣雩祀百辟卿士百縣謂畿內鄉遂明畿外諸侯亦雩祀百辟卿士即古上公句龍杜棄之等是天子祀上帝諸侯祀

上公若魯與二王後得祀天者亦得雩祭天鄭司農云魯僖
僖公欲焚巫尩以其舞雩不得雨者案僖二十一年夏大
旱公欲焚巫尩尩不必舞雩故檀弓云魯穆公云吾欲暴
尩而奚若又云吾欲暴巫而奚若縣子曰天則不雨而暴
人之疾子虐無乃不可與鄭注云尩者面鄉天覬天哀而
雨之明非舞雩之人司農兼引尩者挾句連引之其實非
舞者若四月正雩非直有男巫女巫案論語曾晳云春服
既成童子六七人冠者五六人兼有此等故舞師云教皇
舞帥而舞旱暵之祀舞師謂野人
能舞者明知兼有童子冠者可知

國有大烖則帥巫造巫恒 杜子春云司巫帥巫官之屬會聚常處以待命也玄謂恒久也巫久者先巫之故事造之當案視所施爲

釋曰子春之意帥巫者巫則女巫恒訓爲
常故云會聚常處後鄭不從玄謂恒久也巫久者先巫之
故事後鄭之意以恒爲先世之巫久故所行之事今司巫
見國大烖則帥領女巫等往造所行之事案視舊所施爲

而沃之

祭祀則共匰主及道布及蒩館注杜子春云蒩讀爲鉏匰器名主謂木主也道布新布三尺也鉏藉也館神所葟止也書或爲蒩館或爲䄍飽或曰布者以爲席也租飽茅裹肉也玄謂道布者爲神所設巾中霤禮曰以功布爲道布屬于几也蒩之言藉也祭食有當藉者館所以承蒩謂若今筐也主先匰蒩後館互言之者明共主以匰共蒩以筐大祝取其主蒩陳之器則退也士虞禮曰苴刌茅長五寸實于筐饌于西坫上又曰祝盥取苴降洗之升入設于几東席上東縮

釋曰子春所解及讀字唯解匰器名一事後鄭從之自餘並義無所取後鄭不從玄謂道布者爲神所設巾即引中霤禮以功布爲道布屬於几是也云蒩之言藉也祭食有當藉者謂常藉所當之食云館所以承蒩謂若今筐也者筐所以盛藉者也云主先匰蒩後館互言之者謂主先匰器在上者欲見以匰器盛主來向祭所大祝取得主匰器即退蒩後言館器欲見大祝取得蒩館器退訖

亦初以館盛蕕來互言之是以鄭云明共主以匰共葅以
筐大祝取其主蕕陳之器則退也二事變解之引士虞禮
曰苴刌茅長五寸實於筐饌于西坫上者刌切也切之長
五寸又東之西坫者堂西南隅謂之坫饌陳於此未用前
又曰祝盥升取苴降洗之升入設於几東席上東縮者士
虞禮設席於奥禮神東面右几故設于几東席上東縮縮
縱也據神東面爲正東西設之故
言東縮引之者見苴是藉祭之物　**凡祭事守瘞**　注瘞謂若
祭地祇有埋牲玉者也守之者以祭禮未畢若有事然祭
禮畢則去之　釋曰案爾雅祭天曰燔柴祭地曰瘞埋又
案肆師立大祀用玉帛牲牷故鄭云瘞謂若祭地祇有埋
牲玉者也鄭不言帛亦有帛可知云守之者以祭禮未畢
若有事然者但祭地埋牲與禋祀同節作樂下神之後即
有埋牲之事以後更有祭祀之節事故使司巫守埋是以
鄭云有祭事然云祭祀畢即去之
者以其無事故去之不復守也　**凡喪事掌巫降**

之禮注降下也巫下神之禮今世或死既斂就巫下禓其
遺禮　釋曰人死骨肉下沉於地精魂上歸於天
地與神人通故使巫下神云今世或死既斂就巫下禓其
遺禮者案郊特牲鄉人禓鄭注云禓彊鬼彼逐疫癘之事
故以禓爲彊鬼此禓
當家之鬼非彊鬼也

男巫掌望祀望衍授號旁招以茅釋曰云望祀者類造禬禜

遥望而祀之云望衍者衍延也是攻說之禮遥望延其神
以言語責之云授號者此二者皆詛祝授以神號云旁招
以茅者旁謂四方此男巫於地官祭此神時則以茅招之於四方也注杜子春云望衍謂衍祭也授號以所祭之
名號授之旁招以茅招四方之所望祭者玄謂衍讀爲延
聲之誤也望祀謂有牲粢盛者延進也謂但用幣致其神
二者詛祝所授類造攻說禬禜之神號男巫爲之招　釋
曰子春所云皆無依據故後鄭不從玄謂破衍爲延者衍

字於六祈義無所取故破從延云望祀謂有牲粢盛者注大祝已云類造禬禜皆有牲攻説用幣而已有牲則有黍稷故此兼云粢盛者也云延進也謂但用幣致其神者此即攻説用幣而已是也云二者詛祝所授類造攻説禬禜之神號男巫爲之招者以其授號文承二者之下故知此六神皆授之號之授號知是詛祝者案詛祝而知也

冬堂贈無方無筭注故書贈爲矰杜子春云矰當爲贈堂贈謂逐疫也無方四方爲可也無筭道里無數遠益善也玄謂冬歲終以禮送不祥及惡夢皆是也其行必由堂始巫與神通言當東則東當西則西可近則近可遠則遠無常數

釋曰子春以堂贈爲逐疫後鄭不從者逐疫方相氏及占夢不合在此不從云無筭道里無數遠益善也後鄭不從者既言無數遠近由人不得云遠益善故不從玄謂知堂贈是送不祥及惡夢者見占夢云舍萌于四方以贈惡夢故知鄭云當東則東當西則西不言南北舉東西可知此解無方可近則近可遠則遠無

常數此解無算 春招弭以除疾病 注招招福也杜子春讀弭如彌兵之彌玄謂弭讀爲敉字之誤也敉安也安凶禍也招敉皆有祀衍之禮 釋曰子春讀弭如彌兵之彌讀從小祝彌災兵之彌玄謂弭讀爲敉字之誤也案小祝後鄭注彌讀曰敉於此云爲敉從子春之說云敉安也安凶禍也者以經云除疾病故知所安者凶禍知招敉皆有祀衍之禮者此招敉爲招福安禍與侯禳意同侯禳在六祝有祭之法故知此二者亦有望祀望衍之禮可知

王弔則與祝前 注巫祝前王也故書前爲先鄭司農云爲先非是也 釋曰案上喪祝云王弔則與巫前此男巫與祝前故二官俱在王前

女巫掌歲時祓除釁浴 注歲時祓除如今三月上巳如水上之類釁浴謂以香薰草藥沐浴 釋曰歲時祓除者非謂歲之四時唯謂歲之三月之時故鄭君云如今三月上巳解之一月

有三巳據上旬之巳而爲祓除之事見今三月三日水上戒浴是也云釁浴謂以香薰草藥沐浴者若直言浴則唯有湯今兼言釁明沐浴之物必和香草故云以香薰草藥經直云浴兼言沐者凡絜靜者沐浴相將故知亦有沐也

旱暵則舞雩 釋曰此謂五月巳後脩雩故有旱暵之事旱而言暵者暵謂熱氣也 注使女巫舞旱祭崇陰也鄭司農云求雨以女巫故檀弓曰歲旱繆公召縣子而問焉曰吾欲暴巫而奚若曰天則不雨而望之愚婦人無乃已疏乎 釋曰司農引繆公者曾繆公春秋後事縣子者魯大夫欲暴巫者以其舞雩不得雨引之者證使女巫舞雩之事

若王后弔則與祝前 釋曰此女巫云與祝前則與天官女祝前后 注女巫與祝前后如王禮 釋曰云女巫與祝前后如王禮者案前男巫與喪祝前王執桃茢此女巫與女祝前后亦巫執桃祝執茢故云如王禮

凡邦之大烖歌哭而請

釋曰大烖言歌哭而請則天烖謂旱暵者注有歌者有哭者冀以悲哀感神靈也釋曰案林碩難曰凡國有大

烖歌哭而請魯人有日食而哭傳曰非所哭哭者哀也歌

者是樂也有哭而歌是以樂烖烖而樂之將何以請哀未

失所禮又喪矣孔子曰哭則不歌歌哭而請道將何爲玄

謂日食異者也於民無困哭之爲非其所烖害不害穀物

故歌必禮也董仲舒曰雩求雨之術呼嗟之歌國風周南

小雅鹿鳴燕禮鄉飲酒大射之歌焉然則雲漢之篇亦大

旱之歌考異郵曰集二十四旱志立服而緩雲刑理察挺

罪赦過呼嗟哭泣以成發氣此數者非大烖歌哭之證也

多烖哀也歌者樂也今喪家輓歌亦謂樂非孔子哭則不

歌是出何經論語曰子於是日哭則不歌謂一日之中既

以哀事哭又以樂而歌是爲哀樂之心無常非所以

譏此禮若然此云歌者憂愁之歌若雲漢之詩是也

大史掌建邦之六典以逆邦國之治掌灋

以逆官府之治掌則以逆都鄙之治 注典則亦法也

逆迎也六典八法八則冢宰所建以治百官大史又建焉以爲王迎受其治也大史日官也春秋傳曰天子有日官諸侯有日御日官居卿以底日禮也日御不失日以授百官于朝居猶處也言建六典以處六卿之職 釋曰云典則亦法也者案大宰注典法則所用異異其名也其實典則與法一也故云典則亦法也云六典八法八則冢宰所建以治百官者冢宰職八法云治官府是也云大史又建焉以爲王迎受其治也者鄭言此者欲見大史重掌此三者非是相副貳大宰既掌此大史迎其治職文書云大史日官也者以其掌曆數故云日官引春秋傳者桓十七年冬十月朔日有食之不書日官失之天子有日官諸侯有日御服氏注云日官日御典曆數者也日官居卿以底日禮也日御不失日以授百官于朝服注云是居卿者使卿居其官以主之重曆數也案鄭注居猶處也言建六典以

㲼六卿之職與服不同服君之意大史雖下大夫使卿家居之治大史之職與堯典云乃命羲和欽若昊天曆象日月星辰是卿掌曆數明周掌曆數亦是日官鄭意以五帝殊時三王異世文質不等故設官不同五帝之時使卿掌曆數至周使下大夫爲之故云建六典㲼六卿之職以解之

**凡辨灋者攷焉不信者刑之** 釋曰案上文大史既受邦國官府都鄙治職文書其三者之内有爭訟來正之者大史觀其辨法得理考之不信者刑之者 **注** 謂邦國官府都鄙以法爭訟來正之者 事理妄冒不信者刑罰之 釋曰鄭知此事是邦國官府都鄙者以其文承上文三者之下故知之

**凡邦國都鄙及萬民之有約劑者藏焉以貳六官六官之所登** 釋曰上文邦國官府都鄙三者俱充此約不言府官者此舉邦國都鄙及萬民在外者而言其實官府約劑亦

藏之云以貳六官者六各有一通此大史亦副寫一通故云以
貳六官云六官之所登者約劑相續不絕在後六官更有
約劑皆副寫一通注約劑要盟之載辭及券書也貳猶
上於大史以藏之副也藏法有約劑之書以爲六官
之副其有後事六官又登焉釋曰鄭知約劑要盟之載
辭及券書者案司盟凡邦國有疑會同則掌其盟約之載
故知約劑中有盟要之載辭言及券書者此經萬民約劑
無盟要載辭唯有券書故別言券書鄭知所藏之中有法
者案司盟云掌盟載之法下又云及其禮
儀北面詔明神此既掌辭明并法亦藏之若約劑亂
則辟灋不信者刑之注謂抵冒盟誓者辟法者考案讀
其然不釋曰盟誓要辭藏在府庫
在後抵冒其事不依要辭謂之約劑亂也則辟法者辟開
也法則約劑也則爲之開府庫考案其然否不信者不依
約劑與之刑罰故
云不信者刑之正歲年以序事頒之于官府及

都鄙 釋曰云正歲年者謂造歷正歲年以閏則四時有次序依歷授民以事故云以序事也云頒之于官府及都鄙者官府據在朝都鄙據三等采地先近及遠故先言官府次言都鄙下乃言邦國 注中數曰歲朔數曰年中朔大小不齊正之以閏若今時作曆日矣定四時以次序授民時之事春秋傳曰閏以正時時以作事事以厚生生民之本於是乎在 釋曰云中數曰歲朔數曰年者一年之内有二十四氣正月立春節啓蟄中二月雨水節春分中三月清明節穀雨中四月立夏節小滿中五月芒種節夏至中六月小暑節大暑中七月立秋節處暑中八月白露節秋分中九月寒露節霜降中十月立冬節小雪中十一月大雪節冬至中十二月小寒節大寒中皆節氣在前中氣在後節氣一名朔氣朔氣在晦則後月閏中氣在朔則前月閏節氣有入前月法中氣無入前月法中氣帀則爲歲朔氣帀則爲年假令十二月中氣在晦則閏十二月十六日得後正月立春節此即朔數曰年至後年正月一

日得啓蟄中此中氣而此即是中數曰歲云中朔大小不齊正之閏者周天三百六十五度四分度之一日一日行一度月一日行十三度十九分度之七二十四氣通閏之一氣得十五日二十四氣分得三百六十度仍有五度四分度之一一度更分爲三十二五度爲百六十四分度之一者又分爲八分通前爲百六十八分二十四氣分之氣得七分若然二十四氣氣有十五日七分五氣得三十五分取三十二分爲一日餘三分推入後氣即有十六日氣者十五日七分者故云中朔大小不齊正之以閏者月有大小一年三百五十四日而已自餘仍有十一日是以三十三月已後中氣有晦不置閏則中氣入後月後須置閏以補之故云正之以閏是以云若今時作曆日矣云定四時以次序者堯典以閏月定四時解經中序故云定四時以次序云授民時之事者亦取堯典敬授民時解經中事春秋傳曰者文公六年冬閏月不告朔非禮也閏以正時時以作事事以厚生生民之道於是乎在矣不告閏朔

棄時正也何以爲民彼譏文公不告閏朔引之者證閏歲年之事也

**頒告朔于邦國**

注天子班朔于諸侯諸侯藏之祖廟至朔朝于廟告而受行之鄭司農云頒讀爲班班布也以十二月朔布告天下諸侯故春秋傳曰不書日官失之也

釋曰鄭云天子班朔於諸侯諸侯藏之於祖廟者案禮記玉藻諸侯皮弁聽朔於大祖大祖即祖廟也至朔朝於廟告而受行之者諸侯約天子故縣之於中門帀日斂之藏之於祖廟月月用羊告而受行之此經及論語稱告朔玉藻謂之聽朔春秋謂之視朔視者人君入廟視之告者使有司讀祝以言之聽者聽治一月政令所從言之異耳鄭司農云以十二月朔布告天下諸侯者言朔者以十二月曆及政令若月令之書但以受行號之爲朔故春秋傳曰者還是桓十七年傳文春秋之義天子班曆於諸侯日食書日不班曆於諸侯則不書日其不書日者猶天子日官失之不班曆引之證經天子有班告朔之事

**閏月詔王居門終月**

釋曰門堂路寢

及宗廟皆有五室十二堂四門十二月聽朔於十二堂閏月
冬於時之門故大史詔告王居路寢門若在明堂告事之
時立行祭禮無居坐之處若在路寢堂與注門謂路寢門
門聽事之時各居一月故立居門終月也鄭司農云
月令十二月分在青陽明堂總章玄堂左右之位唯閏月
無所居居于門故於文王在門謂之閏　釋曰鄭知此經
門是路寢門者案玉藻云閏月則闔門左扉立於其中
不云居又不云終月此終言居門終月故知路寢門先鄭
云月令十二月據月令而言案月令是秦時書明堂路寢
有九室大室在中央四角各有二堂隔之爲个堂大室正
東之堂謂之青陽正南之堂謂之明堂正西之堂謂之總
章正北之堂謂之玄堂云左右之位者青陽明堂總章玄
堂各有左右之位月令謂之左右个故月令孟春云青陽
左个仲春居青陽季春云居青陽右个孟夏云明堂左个
仲夏居明堂季夏云居明堂右个孟秋云居總章左个仲
秋居總章季秋云居總章右个孟冬居玄堂左个仲冬居

居玄堂季冬居玄堂右个月令皆云居故鄭以大寢解之是以先鄭引之證此大寢之禮云唯閏月無所居居於門者以其十二月居十二堂故云閏月無所居居於門云故於文王在門謂之閏者解閏字之意以閏月王在門中故制文字亦王在門中謂之閏也

**大祭祀與執事卜日** 注執事大卜之屬與之者當視墨　釋曰知執事大卜之屬者大卜掌卜事故知執事是大卜言之屬者兼有卜師及卜人知當視墨者案占人云君占體大夫占色史占墨卜人占坼彼言史者即此大史故知當視墨

**戒及宿之日與羣執事讀禮書而協事** 注協合也合謂習錄所當共之事也故書協作叶杜子春云叶協也音亦或爲協或爲汁　釋曰戒及宿之日者戒謂散齊七日宿謂致齊三日云與羣執事讀禮書而協事者當此二日之時與羣執事預祭之官讀禮書而協事恐事有失錯物有不供故也

**祭之日**

執書以次位常注謂校呼之教其所當居之處　釋曰言執書者謂執行祭祀之書若今儀注以次位常者各居所掌位次常者此禮一定常行不改故云常也辨事者攷焉不信者誅之注謂抵冒其職事　釋曰此謂助祭之人六史掌禮知行事得失所行依注謂之事則與人考焉抵冒職事詐欺不信者刑誅之大會同朝覲以書協禮事注亦先習錄之也　釋曰天子與諸侯不錄及將幣之日執書以詔王注將送也詔王告王以禮畢　釋曰將幣之日者則上經所習會同之事至此得朝覲之時則有三享之禮將送也幣謂璧帛之等故云將幣之日云執書以詔王者王與諸侯行禮之時大史執禮書以告王使不錯誤大師抱天時與大師同車釋曰云大師者大起軍師也云抱天時者大師知天道天時謂天文見時候者史抱

止天時與大師瞽人知天道者同在一車之上共察天文故同車也

注 鄭司農云大出師則大史主抱式以知天時處吉凶史官主知天道故國語曰吾非瞽史焉知天道春秋傳曰楚有雲如衆赤鳥夾日以飛楚子使問諸周大史史主天道玄謂瞽即大師大師瞽官之長 釋曰先鄭云大出師則大史主抱式以知天時處吉凶者云抱式者據當時占文謂之式以其見時候有法式故謂載天文者爲式知天時處吉凶者候天時知吉凶以告王故云處吉凶國語者案周語單子謂魯成公吾非瞽史焉知天道春秋傳者在哀六年玄謂瞽即大師者此足先鄭之義周語云瞽者即此經大師一也云大師瞽官之長者案春官瞽人之内立其賢者爲大師之官故云瞽官之長

大遷國抱灋以前 法司空營國之法也抱之以前當先王至知諸位處 大喪執灋以涖勸防 鄭司農云勸防引六紼 遣之日讀誄 注遣謂祖廟之庭大奠將行時也人

之道終於此累其行而讀之大師又帥瞽廞之而作謚瞽史知天道使共其事言王之誄謚成於天道　釋曰遣謂大遣奠故以遣謂祖廟之奠云人之道終於此者以其未葬已前孝子不忍異於生仍以生禮事之至葬送形而往迎魂而反則以鬼事之故既葬之後當稱謚故誄生時之行而讀之此經誄即累也云大師又帥瞽廞之而作謚者案大師職凡大喪帥瞽而廞作柩謚云言王之誄謚成於天道者案禮記曾子問唯天子稱天以誄之注云以其無尊焉彼又引公羊傳制謚於南郊瞽史既知天道又於南郊祭天之所稱天以誄之是王之謚成於天道也若然先於南郊制謚乃於遣之日讀之葬後則稱謚

**凡喪事攷焉**爲有得失**小喪賜謚**

注小喪卿大夫也　釋曰大史雖賜之謚不讀使小史讀之故小史職云卿大夫之喪賜謚讀誄彼注云其讀誄亦以大史賜謚爲節事相成其卿大夫將作謚之時其子請於君君親爲之制謚謚成使大史將往賜之小史至遣之

日往爲讀之知乎然者見禮記檀弓云公叔文子卒其子戍請謚於君曰日月有時將葬矣請所以易其名者君曰昔者夫子脩其班制以與四鄰交衛國之社稷不辱不亦文乎是其事也明主禮亦當然其諸侯之法案曾子問云賤不誄貴幼不誄長諸侯相誄非禮春秋之世卑謚於尊不得如禮案曲禮言謚曰類以其象聘問之禮見天子乃使大史賜之謚小史不讀之以其諸侯自有史若然此直言小喪賜之謚則三公諸侯亦在焉

**凡射事飾中舍筭執其禮事** 釋曰言凡射事者則大射賓射燕射之等皆使大史爲此三事飾中者謂飾治使絜靜舍筭者射有三番第一番三耦射不釋筭第二第三番射乃釋筭執其禮事者大史注禮者天子諸侯射先行燕禮後乃射其中禮事皆大史掌之 注 舍讀曰釋鄭司農云中所以盛筭也玄謂設筭於中以待射時而取之中則釋之鄉射禮曰君國中射則皮豎中於郊則閭中於竟則虎中大夫兕中士鹿中天子之

中未聞　釋曰先鄭云中所以盛筭也者司農之意所有
射筭皆盛於中故後鄭不從玄謂設筭於中以待射時而
取之中則釋之者案鄉射大射筭皆於中西設八筭於中
内偶升將射大史取中之八筭執之待射中則更設於中
待第二耦射第三耦已下皆然鄉射禮曰已下是鄉射記文
云君國中射皮豎中者謂燕射在寢則以皮豎獸形爲中
云於郊則閭中者謂大學之射云於竟則虎中者謂與鄰
國君射也云大夫兕中士鹿中者大夫士各一中故大夫
以兕獸爲中士以鹿獸爲中云天
子之中未聞者經記不言故也

小史掌邦國之志奠繫世辨昭穆若有事
則詔王之忌諱　釋曰小史掌邦國之志者邦國遠言據
諸侯志者記也諸侯國内所有記録之
事皆掌之云奠繫世者謂定帝繫世本云辨昭穆者帝繫
世本之上皆有昭穆親疏故須辨之云若有事者謂在廟

中有祈祭之事云則詔王之忌諱注鄭司農云志謂記也
者謂小史告王以先王之忌諱也春秋傳所謂周志國
語所謂鄭書之屬是也史官主書故韓宣子聘于魯觀書
大史氏繫世謂帝繫世本之屬是也小史主定之瞽矇諷
誦之先王死日爲忌名爲諱故書奠爲帝杜子春云帝當
爲奠奠讀爲定書帝亦或爲奠玄謂王有事祈祭於其廟
釋曰古者記識物爲志春秋傳所謂周志者皆是左氏傳
殽之役晉襄公縛秦囚來駒失戈狼瞫取戈斬囚遂爲車
右箕之役先軫黜之而立續簡伯其友曰盍死之瞫曰吾
未獲死所其友曰吾與汝爲難瞫曰周志有之勇則害上
不登於明堂引之者證志爲記識之義也引韓宣子者案
昭公二年左氏傳晉韓起來聘觀書於大史氏見易象與
魯春秋引之者證史官掌邦國之志此經小史掌志引大
史證之者大史史官之長共其事故也云繫世謂帝繫世
本之屬是也者天子謂之帝繫諸侯謂之世本云瞽矇諷
誦之者案瞽矇職云掌諷誦詩世奠繫鼓琴瑟是也云先

王死日爲忌名爲諱
者告王當避此二事大祭祀讀禮灋史以書敘昭
穆之俎簋釋曰此言敘昭穆之俎簋則非外神可則大
祭祀唯謂祭宗廟三年一祫之時有尸主兼
序昭穆俎簋也注讀禮法者大史與羣執事史此小史也言讀禮
法者小史敘俎簋以爲節故書簋或爲几鄭司
農云几讀爲軌書亦或爲簋古文也大祭祀小史主敘其
昭穆以其主定繫世祭祀史主敘其昭穆次其俎簋故齊
景公疾欲誅於祝史玄謂俎簋牲與黍稷以書次之校比
之釋曰鄭知讀禮法是大史與羣執事者大史職云大
祭祀戒及宿之日與羣執事讀禮書而協事彼云禮書即
此禮法也云言讀禮法者小史敘俎簋以爲節者謂大史
讀禮法之時小史則敘昭穆及俎簋當依禮出之節校比
之使不差錯故俎及簋云爲節也齊景公事在昭二十年
左氏傳彼傳公有疾語晏子曰據與款謂大喪大賓客
寡人能事鬼神故欲誅於祝史是其事也

大會同大軍旅佐大史凡國事之用禮灋者掌其小事釋曰此數事皆大史掌之小史得佐之卿大夫之喪賜謚讀誄注其讀誄亦以大史賜謚爲節事相成釋曰案大史云小喪賜謚注云小喪卿大夫之喪注取此文彼不云讀誄今此云卿大夫之喪賜謚讀誄賜謚是大史之事非小史但小史於大史賜謚之時須誄列生時行跡而讀之故云其讀誄亦以大史賜謚爲節云事相成者謚法依誄爲之故云事相成

馮相氏掌十有二歲十有二月十有二辰十日二十有八星之位辨其敘事以會天位釋曰云十有二歲者歲謂大歲左行於地行於十二辰一歲移一辰者也云十有二月者謂斗柄月建一辰十二月而周

故云十有二月云十有二辰者謂子丑寅卯之等十有二
辰也十日者謂甲乙丙丁之等也云二十八星者東方角
亢氐房心尾箕北方斗牛之等爲二十八星也若指星體
而言謂之星日月會於其星即名宿亦名辰亦名次亦名
房云之位者摠五者皆有位處也云辨其敍事者謂五者
皆與人爲候之以爲事業次敘而事得分辨故云辨其序
事也以會天位者五者在天會 注歲謂大歲歲星與日同
合而爲候也此謂之五者也 次之月斗所建之辰樂
說說歲星與日常應大歲月建以見然則今曆大歲非此
也歲日月辰星宿之位謂方面所在辯其敍事謂若仲春
辯秩東作仲夏辯秩南僞仲秋辯秩西成仲冬辯在朔易
會天位者合此歲月日辰星宿五者以爲時事之候若今
曆日大歲在某月某日某甲朔日直某也國語曰王合位
于三五孝經說曰故勑以天期四時節有晚早趣勉趣時
無失天位皆由此術云 釋曰云歲謂大歲歲星與日同
次之月斗所建之辰者此大歲在地與天上歲星相應而

行歲星爲陽右行於天一歲移一辰又分前辰爲一百三
十四分而侵一分則一百四十四年跳一辰十二辰帀則
總有千七百二十八年十二跳辰帀以此而計之十二歲
一小周謂一年移一辰故也千七百二十八年一大周十
二跳帀故也歲左行於地一與歲星跳辰年數同此則服
虔注春秋龍度天門是也以歲星本在東方謂之龍以辰
爲天門故以歲日跳辰爲龍度天門也云歲星與日同次
之月斗所建之辰者以歲星爲陽人之所見大歲爲陰人
所不覩既歲星與大歲雖右行左行不同要行度不異故
舉歲星以表大歲言歲星與日同次之月一年之中唯於
一辰之上爲法若元年甲子朔旦冬至日月五星俱起於
牽牛之初是歲星與日同次之月十一月斗建子子有大
歲至後年星移向子上十二月日月會於玄枵十二月斗
建丑丑有大歲自此已後皆然引樂說者證大歲在月建
之義也云然則今曆大歲非此也以今曆大歲歲星之處
大歲無跳辰之義非此經大歲者也云歲日月辰星宿之

位謂方面所在者此五物皆依四方四面十二辰而見故
云方面所在云　謂若仲春辯秩東作已下者案尚書皆作
平秩不爲辯秩今皆云辯秩據書傳而言辯其千也注引
國語者周語文云王合位于三五者案彼武王伐紂之時
歲在鶉火月在天駟日在析木之津辰在斗
柄星在天元引之者證經五者各於其位　**冬夏致**
**日春秋致月以辯四時之敘**　釋曰此經欲知人君政之
得失之所致觀日月之景
以辯四時之敘若政教得所則四時之景依度若依度則
四時之敘得正矣必冬夏致日春秋致月者以日者實也
故於長短極時致之也月者闕
也故於長短不極時致之也　**注**冬至日在牽牛景丈三
尺夏至日在東井景尺
五寸此長短之極極則氣至冬無愆陽夏無伏陰春分日
在婁秋分日在角而月弦於牽牛東井亦以其景知氣至
不春秋冬夏氣皆至則是四時之敘正矣　釋曰鄭知冬
至景丈三尺者案易緯通卦驗云冬至日置八神樹八尺

之表日中視其影如度者歲美人和影不如度者歲惡人
偽言政令之不平法神讀如引言八引者樹杙於地四維
四中引繩以正之故因名之曰引立表者先正方面於視
日審矣晷進則水晷退則旱進尺二寸則月食退尺二寸
則日食注云晷進謂長於度日之行黃道外則晷長晷長
者陰勝故水晷短於度者日之行入進黃道內故晷短晷
短者陽勝是以旱進尺二寸則月食者月以十二爲數以
勢言之宜爲月食退尺二寸則日食者日之數備千十晷
進爲盈晷退爲縮冬至晷長丈三尺注云所立八尺之表
陰長丈三尺長之極彼雖不言夏至尺五寸景以冬至影
丈三尺反之致夏唯尺五寸景也是以鄭注考靈耀云日
之行冬至之後漸差向北夏至之後漸差向南司羡大分
六小分四大分六者分一寸爲十分分小分四者分一寸
爲十分一寸千里則差六百四十里案大司徒職云日至
之景尺有五寸謂之地中從夏至之後差之至冬至得丈
三尺景又案天文志春秋分日在婁而晷中立八尺之表

而晷景長七尺三寸六分云極則冬無愆陽夏無伏陰者
愆陽伏陰者昭四年申豐辭以其德政所致而四時之景
合度故陰陽和也云春分日在婁秋分日在角而月弦於
牽牛東井亦以其景知氣至不者案通卦驗云夫八卦氣
驗常不在望以入月八日不盡八日候諸卦氣往云入月
八日不盡八日陰氣得正而平以此而言明致月五[illegible]亦用
此日矣若然春分日在婁其月上弦在東井圓於角下弦
於牽牛秋分日在角上弦於牽牛圓於婁下弦東井故鄭
井言月弦於牽牛東井不言圓望義可知也此以三月諸
星復若不在三月則未到本位大判皆以合昏星體在酉
而言以其二月春分婁星昏在酉秋分角星昏亦在酉以
是推之皆可知案天文志云月有九行云黑道二出黄道
北赤道二出黄道南白道二出黄道西青道二正出黄道東
立春春分月東從青道云云然則用之決房中赤青出陽
道白黑出陰道月失節度而行出陽道則旱風出陰道則
雨此云九行則通數黄道也進入黄道南別謂之赤道夏

時月在黃道南謂之赤道進入黃道北謂之黑道東西自
相對春時月行黃道東謂之青道進入黃道西謂之白道
秋時月在黃道西謂之白道進入黃道東謂之青道此皆
不得其正故曰出陽道則旱風出陰道則雨若在黃道是
其正亦如日然故星備云明王在上則日月五星皆乘黃
道又云黃帝占曰天道有三黃道者日月五星所乘問曰
案鄭駁異義云三光考靈耀書云日道出于列宿之外萬
有餘里謂五星則差在其內何得與日同乘黃道及問曰
日何得在婁角牽牛東井乎荅曰黃道數寬廣雖差在內
猶不離黃道或可以上下為外內又案天文志云春秋分
日在婁角去極中而晷中立八尺之表而晷景長七尺三
寸六分也若然通卦驗云春秋晷長七尺二寸四分者謂
晷表有差移
故不同也

周禮疏卷第三十

周禮疏卷第三十一

唐朝散大夫行大學傳士弘文館學士臣賈公彥等撰

保章氏掌天星以志星辰日月之變動以觀天下之遷辨其吉凶釋曰上馮相氏掌日月星辰不變依常度者此官掌日月星辰變動與常不同以見吉凶之事注志古文識識記也星謂五星辰日月所會五星有贏縮圜角日有薄食暈珥月有虧盈朓側匿之變七者右行列舍天下禍福變移所在皆見焉　釋曰云志古文識識記也者古之文字少志意之志與記識之志同後代自有記識之字不復以志為識故云志古文識識即記也云星謂五星者案天文志謂東方歲南方熒惑西方太白北方辰中央鎮星云辰日月所會者左氏傳士文伯對晉侯之辭也

云五星有贏縮者案天文志云歲星所在其國不可以伐人起舍如前出爲贏贏爲客晚出爲縮縮爲主人故人有言曰天下大平五星循度云有逆行日不蝕朔月不蝕望云圖角者星備云五星更王相休廢其色不同王則光芒相則内實休則光芒無角不動搖廢則少光色順四時其國皆當也又云立春歲星王七十二日其色有白光角芒土王三月十八日其色黄而大休則圓廢則内虚立夏熒惑王七十二日色赤角芒土王六月十八日其色黄而大立秋大白王七十二日光芒無角土王九月十八日其色黄而大立冬辰星王七十二日其色白芒角土王十二月十八日其色黄而大星當王相不芒角其邦大弱强國取地之弱失國云土也云日有薄蝕暈珥者此則視祲職具釋其事也云月有虧盈者此則禮運所云三五而盈三五而闕也云朓則匿之變者案尚書五行傳云晦而月見西方謂之朓朔而月見東方謂之側匿側匿則侯王其肅朓則侯王其舒云七者右行列舍者七謂日月五星皆右行

物天留狀順逆以見吉凶故云天下禍福變移所在皆見焉若然經有辰鄭云日月所會直釋辰名不解辰之禍福者但辰與二十八星隨天左行非所以見吉凶已見馮相氏而此言之者星辰是相將之物扶句而言故鄭不釋焉禍福之事也

**以星土辨九州之地所封封域皆有分星以觀妖祥**

釋曰此經論北斗及二十八宿所主九州及諸國封域之妖祥所在之事故云以星土也云辨九州之地者據北斗而言云所封封域者據二十八星而説云皆有分星者摠解九州及諸國也云以觀妖祥者據星見徵應所在以觀妖祥之事也

**注**星土星所主土也封猶界也鄭司農説星土以春秋傳曰參為晉星商主大火國語曰歲之所在則我有周之分野之屬是也玄謂大界則曰九州州中諸國中之封域於星亦有分焉其書亡矣堪輿雖有郡國所入度非古數也今其存可言者十二次之分也星紀吳越也玄枵齊也娵訾

衛也降婁魯也大梁趙也實沈晉也鶉首秦也鶉火周也
鶉尾楚也壽星鄭也大火宋也析木燕也此分野之妖祥
主用客星彗孛之氣爲象　釋曰先鄭所引春秋傳者案
昭元年左氏傳鄭子產云辰爲商星參爲晉星又襄九年
左氏傳云辰爲商主大火此所引及國語皆據諸國而言
故增成其義并釋九州之土也後鄭云大界則曰九州者
此解經九州之地案春秋緯文耀鉤云布度定記分州繫
象華岐以龍門積石至三危之野雍州屬魁星則大行以
東至碣石王屋砥柱冀州屬樞星三河雷澤東至海岱以
北兖州青州屬機星蒙山以東至南江會稽震澤徐揚之
州屬權星大别以東至雷澤九江荆州屬衡星荆山西南
至岷山北嶇鳥鼠梁州屬開星外方熊耳以至泗水陪尾
豫州屬摇星此九州屬北斗星有七州有九但兖青徐揚
并屬二州故七星主九州也周之九州差之義亦可知云
州中諸國已下别釋經所封封域古黄帝時堪輿云故其
書亡矣云堪輿雖有郡國所入度非古數者謂後代有作

堪輿者非古數雖非古數時有可言者故云今其存可言者十一次之分也者但吳越在南齊魯在東今歲星或北或西不依國地所在者此古之受封之日歲星所在之辰國屬焉故也吳越二國同次者亦謂同年度受封故同次也云此分野之妖祥主用客星彗孛之氣爲象者案公羊傳昭十七年冬有星孛于大辰孛者何彗星也何休云孛彗者邪亂之氣掃故置新之象左氏申繻曰彗所以除舊布新如是彗孛一也時爲宋衛陳鄭哉天文志彗長丈二言用客星者彗非位奔賁而入他辰者也

以十有二歲之相觀天下之妖祥

釋曰此經又以大歲以觀妖祥之異耳

注歲謂大歲歲星與日同次之月斗所建之辰也歲星爲陽右行於天太歲爲陰左行於地十二歲而小周其妖祥之占甘氏歲星經其遺象也鄭司農云太歲所在歲星所居春秋傳曰越得歲而吳伐之必受其凶之屬是也　釋曰云歲謂大歲者上文已說五星說以文次而推

知非歲星故知是在地之大歲也其推大歲所在以下於
上馮相氏釋訖鄭恐人不曉故重言之也先鄭云大歲所
在歲星所居者亦欲見推大歲之處云歲星所居亦是歲
星與日同次之月也大歲所在亦是斗所建之辰下有大
歲也云越得歲而吴伐之必受其凶之屬者案昭三十二
年夏吴伐越史墨曰不及四十年越其有吴乎越得歲而
吴伐之必受其凶案昭十三年蔡復之歲歲在大梁至罪
三十二年正應在析木而越得歲者案彼服注歲星在星
紀吴越之分野蔡復之歲歲在大梁距此十九年昭十五
年有事於武官之歲龍度天門龍歲星也天門在成是歲
越過故使今年越得歲龍東方宿天德之貴神其在所之
國兵必昌向之以兵則凶吴越同次吴先奉兵故凶也或
歲星在越分中故云得歲史墨知不及四十年越有吴者
以其歲星十二年一周天存亡之數不過三紀三者天地
人之數故歲星三周星紀至玄枵哀二十二年越滅吴至
此三十八年鄭君之義則不然故春秋志云五星之期各

數有氣者期遠而禍大無氣者期近而禍小吳越以夏
氣之孟夏建卯仲夏建辰木用事之時木數三木用事則
歲星王當從遠期以三乘十二爲三十六歲星復古所而
三十七過其次而歲星去矣故伐越亦後至哀二十二年
積三十八年冬十一月丁亥而越滅吳秦越與在哀二十
年吳惡未明吵不滅也此鄭義與服小異大同也案括地
象天不足於西北則西爲天門昭十五年歲星正應在鶉
首越一次當在鶉火是以昭三十二年得在星紀若然天
門不在戌者但龍度天門正應在五月日體在鶉首與歲
星同次日沒於戌歲星亦應沒由度戌至酉上見而不沒
故云龍度天門以五雲之物辨吉凶水旱降豐荒之
祲象釋曰物色也此五色之雲以辨吉凶也云水旱
降豐荒者水旱降爲荒凶也風雨降爲豐吉也
云之祲象者祲謂日旁雲氣注物色也視日旁雲氣之
以見五色之雲則知吉凶也色降下也知水旱所下

之國鄭司農云以二至二分觀雲色青爲蟲白爲喪赤爲兵荒黑爲水黃爲豐故春秋傳曰凡分至啓閉必書雲物爲備故也故曰凡此五物以詔救政　釋曰鄭知視日旁雲氣之色者以其視祲職十者皆視日旁雲氣之色此云祲象故知亦視五雲亦視日旁雲氣之色也鄭知水旱所下之國者以其云降明據日旁雲氣則知當十二辰之分野所下之國有豐荒也鄭以二至二分觀雲色者即所引春秋者是云青爲蟲已下蓋據陰陽書得知案僖五年左氏傳云春王正月辛亥朔日南至公既視朔遂登觀臺以望而書禮也凡分至啓閉必書雲物爲備故也注云分春秋分至冬夏至啓立春立夏閉立秋立冬據八節而言以此先鄭引下文凡此五物者欲見春秋與此相當故也

十有二風察天地之和命乖別之妖祥　釋曰此一經欲見十二辰頭律氣以知妖祥之事　注十有二辰皆有風吹其律以知和不其道亡矣春秋襄十八年

楚師伐鄭師曠曰吾驟歌北風又歌南風南風不競多死
聲楚必無功是時楚師多凍其命乖別審矣　釋曰鄭知
十二風是十二辰氣爲風者師曠云歌北風南風皆據十
二辰之氣爲風故知風即氣也云吹其律以知和不其道
亡者鄭亦案師曠吹律而知此氣亦當吹律也今無吹律
之法故云其道亡引襄十八年者是時鄭屬晉不復事楚
楚師伐之晉爲盟主欲救之故師曠吹律以觀楚强弱案
彼服注北風無射夾鍾以北南風沽洗以南云命乖別審
矣者以南風弱即知楚無功是其命楚師乖離別審矣案
考異郵曰陽立于五極于九五九四十五且變以陰合陽
故八卦主八風距同各四十五日艮爲條風震爲明庶風
巽爲清明風離爲景風坤爲凉風兌爲閶闔風乾爲不周
風坎爲廣莫風案通卦驗云冬至廣莫風十二月大寒小
寒皆不去風至立春條風至雨水猛風至二驚蟄不見風
至春分明庶風至清明雷鳴雨下清明風至玄鳥來穀雨
不見風立夏清明風至小滿不見風五月芒種不見風大

暑不見風立秋涼風至處暑不見風白露不見風秋分涼風至寒露霜降皆不見風立冬不周風至小雪大雪皆不見風如是無十二風何去十二月皆有風乎案通卦驗云三月六月九月十二月皆不見風惟有八以當八卦八節去十一月者則乾之風漸九月坤之風漸八月艮之風漸十二月巽之風漸三月故清明節次云清明風立夏復云清明風是清明風主三月復主四月則其餘四維之風主兩月可知雨水猛風與條風俱在正月則猛風非八卦之風亦不如之

凡此五物者以詔救政訪序事 注訪謀也見其象則當豫爲之備以詔王救其政且謀今歲天時占相所宜次序其事 釋曰此經摠計上五經文云凡此五物者謂從掌天星以下五經並是已見之物有此五事云詔者詔告也告王脩德政以備之以救止前之惡政云訪序事者謂事未至者預告王訪謀今年天時也相所宜次叙其事使不失所也

內史掌王之八枋之灋以詔王治一曰爵二曰祿三曰廢四曰置五曰殺六曰生七曰予八曰奪 注大宰既以詔王內史又居中貳之 釋曰案大宰有誅無殺此有殺無誅者誅與殺相因欲見爲過不止則殺之假令過失已麗於法內之圜土司圜職云掌收教罷民又云不能改而出圜土者殺之是因過而致殺也八者不與大宰次第同者亦欲見事起無常故不依本也 執國灋及國令之貳以攷政事以逆會計 釋曰以內史掌爵祿殺生之事故執國法及國令之貳者國法大宰掌其正國令謂若凡國之政令故亦掌其貳 注國即向考其政事及會計以知得失善惡而誅賞也國法六典八法八則 釋曰案大宰則皆訓爲法故知國法中含有六典八法八則也 掌敘事

之灋受納訪以詔王聽治注敘六敘也納訪納謀
於王也六敘六曰以敘
聽其情　釋曰云敘六敘也者案小宰職有六序
六序之內云六曰以序聽其情是其聽治之法也凡命
諸侯及孤卿大夫則策命之釋曰周法爵及士
餘文更不見命士
之法明士亦內史命之注鄭司農説以春秋傳曰王命內
不言者以其賤略之也　史與父策命晉侯爲侯伯策謂
以簡策書王命其文曰王謂叔父敬服王命以綏四國糾
逖王慝晉侯三辭從命受策以出　釋曰此事見僖二十
八年左氏傳以晉文公敗楚於城濮王命爲侯伯之辭案
曲禮云大國曰伯父牧曰叔父晉既大國而云叔父者
王以州牧之
禮命之故也凡四方之事書內史讀之釋曰言
四方之
事書者諸侯爲事有書注若今尚書入省事　釋曰漢
奏白於王內史讀示王　法奏事讀之故舉以況之也

# 王制祿則賛爲之以方出之

注賛爲之爲之辭也鄭司農云以方出之以方版書而出之上農夫食九人其次食八人其次食七人其次食六人下農夫食五人庶人在官者其祿以是爲差諸侯之下士視上農夫祿足以代其耕也中士倍下士上士倍中士下大夫倍上士卿四大夫祿君十卿祿杜子春云方直謂今時牘也玄謂王制曰王之三公視公侯卿視伯大夫視子男元士視附庸　釋曰[illegible]鄭云上農夫已下皆禮記王制文案彼所釋凡地有九等審遂人注有夫有婦乃成家自二人以至十人爲九等則地有上上上中上下中上中中中下下上下中下下若然上地之中有上上之地食十人上中食九人今言上農夫食九人不言上上食十人者欲取下士食九人祿與上中之地食九人同故據上中已下而言也云其次食八人據上下之地云其次食七人者據中上之地云其次食六人者據中中之地云其次食五人者據中下之地又不言下上之

地食四人以下者欲見八人以下至五人有四等當庶人
在官者有府史胥徒其祿以是爲差故不言四人以下也
若然則府食八人史食七人胥食六人徒食五人故云
人在官者其祿以是爲差也云諸侯之下士視上農夫祿
足以代其耕也者欲見從下士以上祿轉多故以此爲本
以增之杜子春云方直謂今時牘也者古時名爲方漢時
名爲牘故舉以說之玄謂王制曰已下以先鄭不言者故
引之以增成其義欲見此經所云據王臣爲本故先鄭後
鄭內外兼見**賞賜亦如之**釋曰此謂王以恩惠賞賜臣下之祿亦以方書賚爲之辭案司勲藏凡賞無常輕重視功功多則多功少則少耳**內史掌書王命遂貳之**注副寫藏之 釋曰謂王有詔勅須之事則當副寫一通藏之以待勘校也

**外史掌書外令**注王令下畿外 釋曰經與上言四方及外者畿外而言經言外

故知王下繼外之命也 **掌四方之志** 注志記也謂若魯之春秋晉之乘楚之檮杌 釋曰

謂若魯之春秋之等孟子文名春秋者謂四時之書春爲陽之首秋爲陰之先故舉春秋以苞四時也云晉謂之乘者春秋爲出軍之法甸方八里出長轂一乘故名春秋爲乘也云楚謂之檮杌者檮杌謂惡獸春秋者直史不避君之善惡事同檮杌故謂春秋爲檮杌也皆是國異故史異名也引之者欲見春秋是記事云與四方之志爲一故也

**掌三皇五帝之書** 注楚靈王所謂三墳五典 釋曰案孝經緯云三皇無文五帝書畫象三王肉刑又世本作云蒼頡造文字蒼頡黃帝之史則文字起於黃帝今此云五帝之書爲可而云三皇之書者三皇雖無文以有文字之後仰録三皇時事故云掌三皇之書也案昭十二年楚靈王謂左史倚相能讀三墳五典八索九丘彼三墳三皇時書五典五帝之常典八索三王之法九丘九州亡國之戒下有延叔堅馬季長等所說

不同惟孔安國尚書序解三墳五典與鄭同以無正文故所解有異掌達書名于四方注謂若堯典禹貢達此名使知之或曰古曰名今曰字使四方知書之文字得能讀之 釋曰尚書有堯典舜典禹貢之等是書之篇名聘禮記云百名以上書之於策不滿百名書之於方是文字之書名俱是書名此經直云書名未知何者之書名故鄭兩解之云古曰名今曰字古者之文字少直曰名後代文字多則曰字字者滋也滋益而名故更稱曰字正其名字使四方知而讀之也若以書使于四方則書其令注書其令以授使者

御史掌邦國都鄙及萬民之治令以贊冢宰注王所以治之令冢宰掌王治 釋曰天官冢宰六典治邦國八則治都鄙及畿內萬民之治令此御史亦掌之以贊佐故同其事凡治者受灋令焉注爲書寫其治之法令來受則

授之 釋曰言凡語[illegible]以内官所有治職者皆 掌贊
御史書王之法令授與受有故言凡以該之也
書 注王有命當以書致之則贊爲辭若今尚書作詔文
釋曰謂若今出詔勑之書是王有命須下於外其詔
勑書則御史贊王爲 凡數從政者 注自公卿以下至
此書故云掌贊也 胥徒凡數及其見
在空缺者鄭司農讀言掌贊書數書數者經禮三百曲禮
三千法度皆在玄以爲不辭故改之云 釋曰自公卿已
下至胥徒在王朝者皆是凡數又是從政之人故云凡數
從政者也先鄭所云以掌贊書數爲句讀之玄以爲不辭
故改之云者掌贊書數書數既爲三百三千下有何可贊也
且書數得三百三千下別言從政者有何義意乎故後鄭
以爲不辭
而改之也

巾車掌公車之政令辨其用與其旗物而

等敘之以治其出入釋曰云公車之政令者以下辨其用及等敘出入皆是政令故先言其揔也出入謂若下文凡車之出入則會之官造車訖來入巾車又當出封同姓之等亦是也注公猶官也用謂祀賓之屬旗物大常以下等敘之以封同姓異姓之次敘釋曰云公猶官也者謂若言公似據三公及諸侯若言官則王家皆是故從官也云用謂祀賓之屬者其中仍有朝及田戎之等故言之屬以揔之云大常以下仍有大旂大赤大白大麾之等故云以下云等敘之以封同姓異姓之次敘者周人先同姓次異姓後云四衛蕃國以下故云次敘也王之五路一曰玉路錫樊纓十有再就建大常十有二斿以祀釋曰云王之玉路此言與下爲揔目一曰巳下析別言之云以祀者以下諸路皆非祭祀之事則一名外內大小祭祀皆用此一路而巳注王在焉曰路王

路以玉飾諸末錫馬面當盧刻金爲之所謂鏤錫也樊讀
如鞶帶之鞶謂今馬大帶也鄭司農云纓謂當胷士喪禮
下篇曰馬纓三就禮家說曰纓當胷以削革爲之三就三
重三匝也玄謂纓今馬鞅玉路之樊及纓皆以五采罽飾
之十二就就成也大常九旗之畫日月者正幅爲縿斿則
屬焉　釋曰言王在焉曰路者謂若路門路寢路車路馬
皆稱路故廣言之云王在焉曰路路大也王之所在故以
大爲名諸侯亦然左氏義以爲行於道路故以路名之君
然門寢之等豈亦行於路乎云玉路以玉飾諸末者凡言
玉路金路象路者皆是以玉金象爲飾不可以玉金爲路
故知玉金等飾之言諸末者凡車上之材於末頭皆飾之
故云諸末也云錫馬面當盧刻金爲之者眉上曰錫故知
當額盧案韓弈詩鉤膺鏤錫金稱鏤故知刻金爲之故鄭
引詩云所謂鏤錫也彼詩毛傳亦云金鏤其錫鄭箋云眉
上曰錫刻金飾之云樊讀如鞶帶之鞶者案易訟卦上九
云或錫之鞶帶注云鞶帶佩鞶之帶但易之鞶謂鞶囊即

内則云男鞶革是也此鞶謂馬大帶音字同故讀從之是
以鄭即云馬大帶也先鄭云纓謂當胷引士喪禮下篇馬
纓以削革爲之賈馬亦云鞶纓馬飾在膺前十有二帀以
毛牛尾金塗十二重後鄭皆不從之者以鞶爲馬大帶明
纓是夾馬頸故以今馬鞅解之也後鄭云玉路之樊及纓
皆以五采罽飾之者案爾雅釋言云氂罽也郭氏云毛氂
所以爲罽如是罽㴽毛爲之鄭必知罽飾之者蓋以今時
所見擬之必知用五采者案典瑞云鎮圭繅五采五就則
知王者就飾用五采惟有外傳小采以朝月者用三采耳
繅藉五采即云五就則一采一帀爲一就此中樊纓十二
就之屬就數雖多亦一采一帀爲一就如玉藻十二就然
大常九旗之畫日月者案司常云日月爲常是也云正幅
爲縿縿者爾雅文知斿則屬焉者爾雅云纁帛縿練
旒九縿旒用物不同旒又有數明知别屬可知也**金路**

**鉤樊纓九就建大旂以賓同姓以封** 釋曰上玉路云一曰

此已下皆不云二曰三曰之等者皆據王而言王路言一曰則金路已下二曰三曰之等可知若據諸侯言之從此金路已下所受得各自爲上故此已下略不言二曰三曰之等也云同姓以封者周人先同姓故得金路賜異姓已下則用象路之等同姓雖尊仍不得王路王路以祭祀故不可分賜 【注】金路以金飾諸末鉤婁頷之鉤也金路無錫有鉤亦以金爲之其樊及纓以五采罽飾之而九成大旂九旗之畫交龍者以賓以會賓客同姓以封謂王子母弟率以功德出封雖爲侯伯其畫服猶如上公若魯衞之屬其無功德各以親疏食采畿內而已故書鉤爲拘杜子春讀爲鉤 釋曰云金路以金飾諸末者亦如玉路所飾也云鉤婁頷之鉤也者詩云鉤膺鏤錫鉤連言膺明鉤在膺前以今驗古明鉤是馬婁頷也云金路無錫有鉤者以玉路金路二者相參知之何者玉路云錫金路云鉤明知金路有鉤無錫上得兼下言之則玉路直言錫兼有鉤可知云亦以金爲之者錫用金明鉤亦用金爲飾也云

九成者亦如上一采屬爲一成凡九就九成也云大旂九
旗之畫交龍者司常職文云以賓以會賓客者案齊右會
同賓客前齊車故知以賓是以會賓客至於戴至亦同焉
故曾子問云天子廵守以遷廟主行載于齊車注云齊車
金路若王弔亦乘金路是以士喪禮注云君弔蓋乘象路
謂得金路之賜者弔時降一等乘象路明知王有王路弔
時降一等乘金路可知云同姓以封謂王子母弟率以功
德出封雖爲侯伯其畫服猶如上公若魯衛之屬者周之
法二王之後稱公王之同姓例稱侯伯而已若魯衛稱侯
鄭稱伯故兼云雖爲侯伯也知畫服如上公者典命云上
公九命車旗衣服以九爲節是上公九命服衮冕又云侯
伯七命車旗衣服以七爲節則服鷩冕爲異姓侯伯若魯
衛鄭雖爲侯伯則服衮受五百里之封是以明堂位魯侯
服衮冕是雖爲侯伯服如上公也言此者欲見二王後上
公雖是異姓庶姓乘金路今同姓王子母弟以衣服與上
公同明乘金路亦同矣三公其無功德各以親疏食采畿

而已者天工不可私非其才其無功德不可輒授之以職
禮運云天子有田以處其子孫故封之於畿內而已是以
司裘云諸侯則共熊侯豹侯是王子母弟封於畿內者也
言親疏食采者案載師職家邑任稍地小都任縣地大都
任疆地其中非直有公卿大夫食采若親王母弟則與公
同食大都百里稍疏者與卿同食小都五十里更疏者與
大夫同食二十五里耳故云各以親疏食采畿內而已

**象路朱樊纓七就建大赤以朝異姓以封**

注象路以象飾諸末象路無鉤以朱飾勒而已其樊及纓以五采罽飾之而七成大赤九旗之通帛以朝以日視朝異姓王甥舅

釋曰象路以象飾諸末者此所飾亦如玉金矣但用象為異也云象路無鉤以朱飾勒而已者經不云鉤明無鉤經直云朱鄭知以朱飾勒者見下文革路云龍勒明知此朱同為飾勒也云大赤九旗之通帛者司常職文以日視朝者謂於路明外常朝之處乘之此雖據常

朝而言至於三朝皆乘之案司常云道車建旞鄭注云道
車象路也王以朝夕燕出入乘此象路則建旞若在朝廷
大赤也其車則同也云異姓王甥舅者謂先王及今王有
舅甥之親若陳國杞國則別於庶姓故乘象路之車也

**革路龍勒條纓五就建大白以即戎以封四衛**

注革路鞔之以革而漆之無他飾龍駹也以白黑飾
韋雜色爲勒條讀爲條其樊及纓以條絲飾之而五
成不言樊字蓋脫爾以此言條知玉路金路象路飾樊纓皆不
用金玉象矣大白殷之旗猶周大赤蓋象正色也即戎謂兵
事四衛四方諸侯守衛者蠻服以內　釋曰云革路鞔之
以革而漆之無他飾者自玉路金路象路四者皆以革鞔
則冬官云飾車欲侈者也但象路以上更有玉金象爲飾
謂之他物則得玉金象之名此革路亦用革鞔以無他物
飾則名爲革路也鄭知駹是白黑飾韋雜色爲勒者以續
又云白與黑謂之黼黑白相形之物且下有駹車邊側有

黑漆爲髹此革路既素又有大白之旗故以白黑髦爲雜
也云以此言條知王路金路象路飾樊纓皆不用金玉象
矣者上王路鞶纓十有二就馬氏以爲旄牛尾金塗十二
重有此嫌故微破之也云大白殷之旗猶周大赤蓋象正
色也者明堂位云殷之大白周之大赤相對而言故云猶
周大赤周以十一月爲正物萌色赤殷以十二月爲正物
牙色白是象正色無正文故云蓋云即戎謂兵事也者司
服兵事韋弁服車服相配俱是即戎故云謂兵事也趙商
問巾車職云建大白以即戎注云謂兵事司馬職仲秋辨
旗物以治兵王載大常下注云凡班旗物以出軍之旗則
如秋不知巾車大白以即戎爲在何時荅曰殷之正色者
或會事或勞師不親將故建先王之正色異於親自將又
案司馬法云章夏以日月上明殷以虎上威周以龍上文
不用大常者周雖以日月爲常以龍爲章故郊特牲云龍
章而設日月又案周本紀武王遂入至紂之死所王射之
三發而后下車以輕劍斬紂頭懸於大白之旗不用大常

者時未有周禮故武王雖親將猶用大白也云四衛四方
諸侯守衛者蠻服以内者此四衛非謂在衛服者以其諸
侯非同姓與王無親即是庶姓在四方六服已内
衛守王大司馬以要服爲蠻服故云蠻服以内也　木路
前樊鵠纓建大麾以田以封蕃國　注木路不鞔以革漆之而
已前讀爲緇翦之翦翦淺黑也木路無龍勒以淺黑飾韋
爲樊鵠色飾韋爲纓不言就數飾與革路同大麾不在九旗
中以正色言之則黑夏后氏所建田四時田獵蕃國謂九
州之外夷服鎮服蕃服杜子春云鵠或爲結　釋曰鄭知
木路不鞔以革者以其言木則木上無革可知必知有漆
者以其喪車尚有漆者況吉之乘車有漆可知云前讀爲
緇翦之翦者讀從既夕文也彼爲加茵用疏布緇翦有幅
亦縮二橫三鄭云翦淺也此前亦取淺義故讀從之知木
路無龍勒者以經不云勒明降於革路無龍勒可知云大
不在九旗中者上大白亦不在九旗之中而不言者也

旗之中雖無大白仍有雜帛爲物兼有殷正色故此特言
之云以正色言之則黑夏后氏所建者此亦以正色言之
上文大赤據周大白據殷則此大麾當夏之正色黑故言
夏后氏所建也案明堂位有虞氏之旂夏后氏之綏鄭注
云有虞氏當言綏夏氏當言旂若然則夏后氏有旂無綏
今此大麾則綏而爲夏后氏所建者彼以前代質後代文
差之則綏當有虞氏旂當夏后氏但旌旂皆上有綏夏之
旂去旒旒而用之即是綏故以正色推之當夏也云田
時田獵者趙商問巾車職曰建大麾以田注云田四時田
獵商案大司馬職曰四時皆建大常今又云建大麾以田
何荅曰麾夏之正色雖習戰春夏尚生其時宜入兵夏本
不以兵得天下故建其正色以春田秋冬出兵之時乃建
大常故雜問志云四時治兵王自出禮記天子殺則下大
綏司馬職王建大常足相參正云蕃國謂九州之外夷服
鎭服蕃服者案司馬職要服已内爲九州其外更有三服
夷鎭蕃摠而言之皆號蕃國是以此文及大行人謂之蕃

國也杜子春云鵠或爲結者案馬氏云前樊結纓謂冊重
樊纓在前有結在後往往結華以爲堅且飾節良以爲樊
纓皆有采就則前與鵠亦可以爲飾而賈氏謂前纓有結
其義非今子春爲結後鄭引之在下得通一義故也凡五
等諸侯所得路者在國祭祀及朝天子皆乘之但朝天子
之時乘至天子館則舍之於館是以覲禮記云偏駕不入
王門謂舍之於客館乘墨車龍旂以朝鄭云在旁與已同
曰偏若兩諸侯自相朝亦應乘之若齊弔及朝并朝夕燕
出入可降一等若在軍皆乘廣車若以田以鄙則乘木路
也若五等諸侯親迎皆乘所賜路以其士親迎攝盛乘大
夫車則大夫已上尊則尊矣不可更攝盛轉乘在上之車
當乘所賜車與祭祀同則王乘玉路可也若然同姓金路
無錫韓侯受賜得有鏤錫者正禮雖不得後有功特賜有
之也若如鄭注同姓雖不爲侯伯畫服如上公得乘金路若
爲子男以不得當與異姓子男同乘象路也異姓象路則得上
公以其上公雖庶姓亦乘金路其異姓侯伯子男皆乘象

路也上言四衛革路者亦謂庶姓侯伯子男蕃國木路者表伏惟有子男同木路也無問祀賓已下皆乘之**王后之五路重翟錫面朱總厭翟勒面繢總**釋曰言王后之五路亦是總目之言**安車彫面鷖總皆有容蓋**重

也凡言翟者皆謂翟鳥之羽以爲兩旁之蔽言重翟者皆三重爲之厭翟者謂相次以厭其本下有翟車者又不厭其本也凡言總者謂以總爲車馬之飾若婦人之總亦既繫其本又垂爲飾故皆謂之總也案下翟車尊於安車而進安車在上者以其翟車有幄無蓋安車重翟同重無幄而有容蓋故進安車與重厭之車同在上也**注**翟

重翟翟雉之羽也厭翟次其羽使相迫也勒面謂以如王龍勒之韋爲當面飾也彫者畫之不龍其韋安車坐乘車凡婦人車皆坐乘故書朱總爲緫鷖或作緊鄭司農云錫馬面錫緫當爲總書亦或爲總鷖讀爲鳧鷖之鷖鷖總者青

黑色以繒爲之總著馬勒直兩耳與兩鑣容謂幨車山東謂之裳幃或曰潼容玄謂朱總纘總其施之如鷖總車衡疏亦宜有焉纘畫文也蓋如今小車蓋也皆有容有蓋則重翟厭翟謂蔽也重翟后從王祭祀所乘厭翟后從王賓饗諸侯所乘安車無蔽后朝見於王所乘謂去飾也詩國風碩人曰翟蔽以朝謂諸侯夫人始來乘翟蔽之車以朝見於君盛之也此翟蔽蓋厭翟也然則王后始來乘重翟乎

釋曰云勒面謂以如王龍勒之韋爲當面飾也者案上龍勒不言面此勒言面則所施之處不同則上言勒者馬之纓飾皆是不在面此言勒面則在面矣用物則同故鄭引龍勒以釋此也云安車坐乘車凡婦人車皆坐乘者案曲禮上云婦人不立乘是婦人坐乘男子立乘曲禮上大夫七十而致事若不得謝則必賜之几杖乘安車則男子坐乘亦謂之安車也若然此王后五路皆是坐乘獨此得安車之名者以餘者有重翟厭翟翟車輦車之名可稱此無異物之稱故獨得安車之名也云鷖讀爲鳧鷖之鷖

者從毛詩鳧鷖之篇名鷖者鳧鳥之屬爲色青黑爲義云以
繒爲之總者著馬勒直兩耳與四鑣者先鄭蓋見當時以況
古也云容謂幨車山東謂之裳幃或曰潼容者案昏禮云
婦車亦如之有裧注云裧車裳幃周禮謂之容又衞詩云
漸車帷裳毛氏亦云童容是容潼容與幨及裳幃爲一物
也云謂朱總纊總其施之如鷖總車衡輨亦宜有焉者後
鄭取先鄭總著馬勒直兩耳與兩鑣爲本其於車之衡輨
亦宜有焉以其皆是華飾之事故兼施於車也云蓋如今
小車蓋也者此舉漢法小車有蓋以況周凡蓋所以表尊
亦所以禦雨故三者皆有之也云皆有容有蓋則重翟厭
翟謂蔽也者案馬氏等云重翟爲蓋今之羽蓋是也爲有
容嫌故微破之若重翟厭翟是蓋何須下文云皆有容蓋
字是以後鄭約下王之喪車王乘皆有蔽明后之車言翟
者亦謂蔽也云重翟后從王祭祀所乘者此約王之五路
則重翟當王路后無外事惟祭先王先公羣小祀皆乘此
重翟也云厭翟后從王賓饗諸侯所乘者案內宰職云賓

賓之裸獻瑶爵皆贊注云謂王同姓及二王之後王裸賓
客亞王而禮賓獻謂王饗燕亞王獻賓也此時后則乘厭
翟故云從王賓饗諸侯也不言裸者文略耳云安車無蔽
后朝見於王所乘謂去飾也者以其安車不言翟明無蔽
以其朝王質故去飾也引詩國風碩人曰翟蔽以朝謂諸
侯夫人始來乘翟蔽之車以朝見於君盛之也此翟蔽蓋
厭翟也者彼是衛侯之夫人當乘厭翟則上公夫人亦厭
翟以其王姬下嫁於諸侯車服不繼於其夫下王后一等
不得乘重翟則上公與侯伯夫人皆乘厭翟可知若子男
夫人可以乘翟車至於祭祀及嫁皆乘之云然則王后始
來乘重翟乎者王姬下嫁下后一等及諸侯夫人皆乘厭
翟則王后自然始來乘重翟可知若然王之三夫人與三
公夫人同乘翟車九嬪與孤妻同乘夏篆二十七世婦與
卿妻同乘夏縵女御與大夫妻同乘墨車士之妻攝盛亦
乘墨車非嫁攝盛則乘棧車也諸侯已下夫人祭祀賓饗
出祭朝君蓋之皆可乘不若然諸侯夫人亦當有安車以

朝君也

翟車貝面組總有握 釋曰上言朱總繢總鷖總彼皆以繒爲之

今此言組總則以組條爲之總亦 注 翟車不重不厭以

施於勒及兩耳兩鑣并車衡轄爲 翟飾車之側爾貝

面貝飾勒之當面也有握則此無蓋矣如今軿車是也后

所乘以出桑 釋曰翟車不重不厭明以翟飾車之側可

知云貝面貝飾勒之當面也者貝水物謂餘泉餘蚳之貝

文以飾勒之當面者也云有幄則此無蓋矣者但蓋所以

御雨無幄乃施之今既有幄故知無蓋矣云如今軿車是

也者漢法軿車無蓋故舉以況之云后所乘以出桑者案

月令三月薦鞠衣於先帝又后妃親桑於東郊二者后皆

乘此翟車以其告先帝非祀親桑又非大事故知乘翟車

也

輦車組輓有翣羽蓋 注輦車不言飾后居宮中從容所乘但次

之而已爲輇輪人輓之以行有翣所以禦風塵以羽作小

蓋爲翳日也故書翣爲駐杜子春云當爲翣書亦或爲毦

釋曰輂車不言飾者以其不言翟又不言面總之等是不言飾也此無所供事直是后居宮中從容所乘車也知漆之者凡吉之車器之等皆漆之明此亦有漆也知爲輇輪者案禮記云載以輲車輲車載柩之車則地官蜃車人輓之以行此輂車組輓亦是人輓行者案雜記注引許氏說文辭字曰有輻曰輪無輻曰輇則人輓行者皆是無輻曰輇案上雜記注輇崇蓋半乘車之輪乘車高六尺六寸則此當三尺三寸云有翣所以禦風塵者翣即扇也扇所以爲障蔽亦所以禦風塵也云以羽作小蓋爲翳日也者翣旣禦風塵明羽蓋所以翳日可知也

周禮疏卷第三十一

周禮疏卷第三十二

唐朝散大夫行大學博士弘文館學士臣賈公彥等撰

王之喪車五乘木車蒲蔽犬複尾櫜疏飾小服皆疏

注木車不漆者鄭司農云蒲蔽謂藩蘭車以蒲爲蔽天子喪服之車漢儀亦然犬複以犬皮爲覆笭故書疏爲揟杜子春讀揟爲沙玄謂蔽車旁禦風塵者犬白犬皮旣以皮爲覆笭又以其尾爲戈戟之弢纛布飾二物之側爲之緣若攝服云服讀爲箙小箙刀劍矩兵之衣此始遭喪所乘爲君之道尚微備姦臣也書曰以虎賁百人逆子釗亦爲備焉

釋曰云木車不漆者喪中無飾後至禫乃漆之此明木車及下素車等皆未漆也若然上王之木路鄭注云不革鞔漆之而已破亦稱木而有漆者彼此各有所對上文木路對革路有革

又有漆則木路漆之而已據吉時言耳此木路對禫始有漆明此木路不漆飾指木體而言也先鄭云謂贏蘭車者此舉漢時有贏長蘭乘不善之車故舉以說之也云犬榠以犬皮爲覆笭者古者男子立乘須馮軾軾上須皮覆之故云犬榠子春讀揃爲沙於義無所取故不從也玄謂蔽車旁禦風塵者上文重翟厭翟之等爲蔽皆是禦風塵故知此蔽亦是禦風塵也云犬白犬皮者以喪無飾明用犬之白者是以士喪記主人乘惡車白狗幦是也云既以皮爲覆笭又以其尾爲戈戟之弢者以經云犬榠尾櫜明榠與櫜共用大櫜則弢也云麤布飾二物之側爲之緣者案喪服齊衰已下皆稱䟽禮之通例凡言䟽布者皆據大功布而言若然此則以八升布爲二物之緣也云若攝服者案既夕記云貳車白狗攝服注云攝猶緣也狗皮緣服差飾引之者證此二物爲緣之事也小服刀劒短兵之衣者此小服即既夕記云主人乘惡車白狗幦蒲蔽犬服鄭被注云笭間兵服以犬皮爲之是也云此始遭喪所乘者此

喪車五乘貴賤皆同乘之是以士喪禮主人乘惡車鄭注
引雜記曰端衰喪車皆無等然則此惡車王喪之木車也
是其尊卑同也云爲君之道尚微備姦臣也者案士喪有
大服則此小服亦是其常今言爲君之道尚微備姦臣者
此言非爲小兵服以戈戟人君乃有之然則備姦臣爲屋
橐戈戟而言也引書曰者顧命文彼以成王崩子釗康王
也康王常在尸所以爲適子故使康王出郷門外以虎賁
百人更以大子之禮迎之别於庶子必用虎賁備姦臣引
之者證人君有戈戟亦是備姦臣

素車棼蔽犬複素飾小服皆素

注素車以白土堊車也棼讀爲薠薠麻以爲蔽其複服以素繒爲緣此卒哭所乘爲君之道益著在車可以去戈戟

釋曰鄭知素車以白土堊者以上有木車下有漆車中有駹藻素三者非漆非木皆以所飾爲多明素是白土飾之也爾雅釋宫云地謂之黝牆謂之堊堊謂以白土爲飾則此素車亦白土爲飾可知云棼讀爲薠

棼麻者棼字非所以飾物之事故破棼爲蘋義取用麻爲蔽之意云其蘋服以素繒爲緣者禮之通例素有二種其義有色飾者以素爲白土義有以繒爲飾者即以素爲繒故鄭釋二素以白繒別釋之也云此卒哭所乘者案士虞禮卒哭大夫說絰帶于廟門外婦人說首絰不說帶是卒哭變服變服即易車案喪服大功章注云凡天子諸侯卿大夫既虞士卒哭而受服此鄭云卒哭據士而言也云爲君之道益著在車可以去戈戟者以經不云尾櫜明去戈戟故爲此解也

藻車藻蔽鹿淺複革飾注故書藻作䡛杜子春䡛讀爲華藻之藻直謂華藻也玄謂藻水草蒼色以蒼土堊車以蒼繒爲蔽也鹿淺複以鹿夏皮爲覆笭又以所治去毛者緣之此既練所乘　釋曰後鄭云藻水草者就足子春藻爲華藻也鄭爲蒼色者上文素車爲白色下文駹車邊側有漆差之此當蒼色且藻之水草見爲其蒼之色也云鹿淺複以鹿夏皮爲覆笭者夏時鹿毛新生爲淺毛

故鄭云鹿夏皮爲覆笭也云又以所治去毛者緣之者以
經云革飾皮去毛曰革故以去毛言之云此既練所乘者
王喪十三月練是變除之
節故知此即既練所乘也**駹車雚蔽然複髹飾**
注故書駹作龍髹爲軟杜子春云龍讀爲駹軟讀爲桼垸
之桼直謂髹桼也玄謂駹車邊側有漆飾也雚細葦席也
以爲蔽者漆則成藩即吉也然果然也髹赤多黑少之色
韋也此大祥所乘　釋曰故書駹作龍上文龍勒後鄭以
破龍爲白黑之色故此注從子春爲駹髹爲軟於義無所
取故不從子春以軟爲桼亦不從也後鄭知駹爲邊側之
飾者以下文漆車全有漆則此時未全爲漆故知駹是邊
側必有漆也云漆則成藩者下文藩蔽者因此舊蔽而漆
之則藩者以此爲本故云漆則成藩也云然果然也者果
然獸名是以賈氏亦云然獸名也云髹赤多黑少之色韋
也知色如此者案下注雀黑多赤少故知此髹是赤多黑
少者也云此大祥所乘者以二十五月大祥除服之節故

知此車是大祥所乘也

漆車藩蔽豻𥜗雀飾注漆車黑車也藩今時小車藩漆席以爲之豻胡犬雀黑多赤少之色韋也此禫所乘　釋曰知漆是黑者凡漆不言色者皆黑且大夫漆席以爲之者以其席即上文雀上注云漆即成藩是也所乘黑車及篆縵之飾直得黑名是凡車皆黑漆也鄭知云豻胡犬者謂胡地之野犬或作狐字者謂狐與犬合所生之犬也云雀黑多赤少之色韋也者鄭以目驗雀頭黑多赤少雀即緅也此禫所乘者以二十七月釋祥之飾素縞麻衣而服禫服朝服縿冠故知當禫所乘也案下文大夫乘墨車士乘棧車皆吉時所乘之車既言天子至士喪車五乘尊卑等則大夫士禫亦得乘漆車所以大夫士禫即乘漆車與吾同者禮窮則同也

服車五乘孤乘夏篆卿乘夏縵大夫乘墨車士乘棧車庶人乘役

車注服車服事者之車故書夏篆爲夏緣鄭司農云夏赤也緣緣色或曰夏篆篆讀爲圭瑑之瑑夏篆轂有約也玄謂夏篆五采畫轂約也夏縵亦五采畫無瑑爾墨車不畫也棧車不革輓而漆之役車方箱可載任器以共役　釋曰云服車服事者之車者其孤卿以下皆是輔佐之臣服事於上故以服事之車解之也先鄭云夏赤也緣緣色後鄭不從者夏翟是采五采備乃爲夏而以夏爲赤而從古書篆爲色於義不可故後鄭解之以夏爲五采也云或曰夏篆篆讀爲圭瑑之瑑者以篆爲轂約後鄭從之云夏縵亦五采畫無瑑爾者言縵者亦如縵帛無文章故云無瑑也以其篆爲轂約則言謾者無約也云墨車不畫也者言墨漆革車而已故知不畫也棧車不革輓而漆之者此則冬官棧車欲弇恐有坼壞是不革輓者也此已上尋常所乘若親迎則士有攝盛故士昏禮主人乘墨車婦車亦如之有裧爲異耳王后別見車五乘此卿孤已下不見婦人車者婦人與夫同故昏禮云婦車亦如之但大夫

以上尊則尊矣親迎不假攝盛轉乘上車也知士車有漆飾者案唐傳云古之帝王必有命民於其君得命然後得乘飾車駢馬衣文駢錦注云飾漆之駢併也是其事云役車方箱可載任器以共役者庶人以力役爲事故名車爲役車知方箱者案冬官乘車田車橫廣前後短大車柏車羊車皆方故知庶人役車亦方箱是以唐傳云庶人木車單馬衣布帛此役車亦名棧車以其同無革輓故也是以何草不黃詩云有棧之車行彼周道注云棧車役車是也

凡良車散車不在等者其用無常 注給游燕及恩惠之賜不在等者謂若今輜車後戶之屬作之有功有沽

釋曰云給遊燕及恩惠之賜者君臣遊燕歡樂或有賜言及恩惠之賜雖非遊燕君於臣有恩好而惠及之者亦有賜此釋經其用無常云不在等者謂若今輜車後戶之屬者漢時輜車與古者從軍所載輜重財貨之車皆車後開戶故舉以說之云作之有功有沽者釋經良車散車精作

爲功則曰良麤作爲治則曰散也凡車之出入歲終則會之注計其完敗多少　釋曰車之出謂出給官用車之入謂用罷歸官於當時録爲簿帳至歲終則摠會計完敗多少以入計會也凡賜闕之注完敗不計　釋曰以其賜人以後完敗隨彼受賜之人在官不復須知故闕之不計會毀折入齎于職幣注計所傷敗入其直杜子春云齎讀爲資資謂財也乘官車毀折者入財以償繕治之直　釋曰謂乘官車者毀損有折壞其車不堪乘用者或全輸價直入官或計所損敗酬其價直入官皆入其資資即貨物也以此貨物入於職幣職幣主受給官物所用之餘此之財物亦授之職幣旣得此物還與冬官繕治之故鄭云以償繕治之直也大喪飾遣車遂廞之行之釋曰大喪謂王喪遣車謂將葬遣送之車入壙者也言飾者還以金象革飾之如生存之車但麤小

爲之耳

**注** 歠輿也謂陳駕之行之使人次轝之以如墓也遣車一曰鸞車 繹曰後鄭訓歠爲輿即言謂陳駕之者解歠爲陳駕也案下車僕云大喪歠華車彼歠謂作之此文既言飾遣車巳是作更言遂歠之故以陳駕解歠也云行之使人以次轝之以如墓也者案檀弓云諸侯大牢苞七个遣車七乘大夫亦大牢苞五个遣車五乘鄭注云諸侯不以命數喪數略天子當大牢苞九个遣車九乘此時當在朝廟之時於始祖廟陳器之明旦大遣奠之後則使人以次抗轝人各執其一以如墓也云遣車一曰鸞車者案家人云及葬言鸞車象人是名遣車爲鸞車以其遣車亦有鸞鈴故也

**及葬執蓋從車持旌** 繹曰及葬者謂至葬時將向壙云執蓋從車者謂此巾車之官執蓋以隨柩車之後云持旌者亦使巾車之官執持銘旌此在柩車之前而文在下者以執蓋是巾車因言持旌耳非謂持旌亦從車也以車銘旌表柩象殯時在柩前是以既夕禮云祝取銘置于茵注云以重不藏故於此移銘加於茵上若然茵

既行時在柩車前明銘旌亦**注**從車隨柩路持蓋與旌者王平生時車建旌雨則有
與菌同在柩車前可知也
蓋今蜃車無蓋執而隨之象生時有也所執者銘旌　釋
曰云從車隨柩路者鄭欲以經車爲蜃車柩路解之云今
蜃車無蓋執而隨之象生時有也者蓋所以表尊亦執而
隨之所以禦雨今蜃車既設帷荒不得設蓋是以執而隨
柩車雖無用但象生時有也云所執者銘旌者將葬之旌
士有二旌大夫已上皆有三旌知者以既夕禮是士禮而
有乘車所建旜是攝盛故用孤卿所建通帛之旜也又有
銘旌以其士無遣車故無廞旌也大夫以上有乘車所建
旌卿巳上尊矣無攝盛以尋常所建旌王則大常孤卿建
旜大夫亦應攝盛用旜是一也又有廞旌又有銘旌也

**及墓嘑啟關陳車**注關墓門也車貳車也士喪禮下篇曰車至道左北面立東上
釋曰鄭知車是貳車者以其遣車在明器之中案既夕陳
明器在道東西面此不言明器而別陳車是貳車可知天

子貳車象生時當十二乘也士喪禮下篇曰者是既夕禮也而言士喪禮下篇者以其士喪禮論初死并在殯之事既夕禮論葬時事既夕之下同有一記記士喪及既夕不備之事惣爲一記故鄭以既夕連士喪而言下篇也此所引者引記彼云車至道左北面立東上者士無貳車惟據乘車道車槀車三乘此王禮亦有此三乘車於後别有貳車十二乘若然則此車非止二車而已鄭直云貳車者舉其士喪禮不見者而言耳

**小喪共匶路與其飾** 注柩路載柩車也飾棺飾也 釋曰言小喪者上言大喪據王不别言后與世子則此小喪中可以兼之鄭云柩路載柩車也者即蜃車也云飾棺飾也者即帷荒柳翣池紐之屬皆是棺之飾

**歲時更續共其弊車** 注故書更續爲受讀杜子春云受當爲更讀當爲續更續更受新共其弊車歸其故弊車也玄謂俱受新耳更易其舊續續其不任用共其弊車巾車既更續之取其弊車共

於車人材或有中用之　釋曰言歲時更續皆謂一歲四
時皆有受官車更謂車雖未破日月已久舊盡者更易以
新者續謂雖未經久其有破壞不中用者復以新者續之
云共其弊車者此言爲二者而設以其既易續以新車其
本或舊或壞皆是弊車巾車受取以共冬官車人耳子春
以爲更續謂更受新若然則更續共爲一事不當經言故
後鄭不從也云共其弊車歸其故弊車者此言亦不從也
後鄭以爲俱受新者謂更與續二者於彼用車之人俱受
其新車也云更易其舊者釋更也云續續其不任用者別
釋續也云共於車人者此巾車不專主車人所造大車柏
車而已兼主輪人輿人所造乘車兵車而云共車人
者則車人謂造車之人兼輪人輿人等造車人也　大祭
祀鳴鈴以應雞人　注雞人主呼旦鳴鈴以和之聲且
警衆必使鳴鈴者車有和鸞相應
和之象故書鈴或作軨杜子春云當爲鈴　釋曰云雞人
主呼旦雞人職文案韓詩云升車則馬動馬動則鸞鳴鸞

鳴則和應是車有和鸞相
應之象故鳴鈴以應雞人

典路掌王及后之五路辨其名物與其用說 釋曰上巾車已主王后之五路今此又掌之者以其冬官造得車訖以授巾車飾以玉金象之等其王及后所乘者又入典路則掌之 注用謂將有朝祀之事而駕之鄭司農云說謂舍車也春秋傳曰雞鳴而駕日中而說用謂所宜用 釋曰此經雖不言所用據典路所掌還依巾車朝祀所用故鄭依巾車而言也先鄭所引春秋者在左氏傳宣十二年楚與晉戰於邲之事云用謂所宜用者還是朝祀之等也 若有大祭祀則出路贊駕說 注出路王當乘之贊駕說贊僕與趣馬也 釋曰案上[illegible]掌王路以祀此云若有大祭祀則出路鄭云王當乘之[illegible]出王路也案下文大喪大賓客亦如之注云亦出路當陳之下

言王乘之者以此惟云大祭祀則出路據王所乘之亦當陳之爲華國下注云當陳之謂陳之以華國亦有當乘之法但大賓客王乘金路也其大喪則無乘吉時路故注爲陳之而說也知贊僕與趣馬者夏官大馭戎僕齊僕之等及趣馬之官主駕說故知所贊駕說者贊僕與趣馬也

大喪大賓客亦如之

注亦出路當陳之鄭司農說以書顧命曰成王崩康王旣陳先王寶器又曰大路在賓階面贅路在阼階面先路在左塾之前次路在右塾之前漢朝上計律陳屬車於庭故曰大喪大賓客亦如之　釋曰先鄭引顧命云康王旣陳先王寶器者案彼上文云陳寶及列玉五重大訓之等乃陳車乘故云旣陳先王寶器云又曰大路在賓階面注云大路玉路云贅路在阼階面注云贅次次在玉路後謂玉路之貳也云先路在左塾之前注云先路象路門側之堂謂之塾謂在路門內之西北面與玉路相對也云次路在右塾之前注云象路之貳與玉路之貳相對在門內之東

廿面云漢朝上計律陳屬車於庭者漢朝集使上計律法謂上計會之法禮記射義注亦謂之計然大祭祀亦陳車乘但古典無陳列之事故不引之也凡會同軍旅弔于四方以路從注王出於事無常王乘一路典路以其餘路從行亦以華國釋曰鄭云王出於事無常王乘一路典路以其餘路從行者案經會同軍旅及弔有三事則是衣裳之會及弔王乘金路兵車之會及軍旅王乘革路是王出於事無常也王雖乘一路典路以其餘路皆從惟王路祭祀之車尊不出其餘皆出以華國也

車僕掌戎路之萃廣車之萃闕車之萃苹車之萃輕車之萃注萃猶副也此五者皆兵車所謂五戎也戎路王在軍所乘也廣車橫陳之車也闕車所用補闕之車也苹猶屏也所用對敵自蔽隱之車也輕車所用馳敵致師之車

也春秋傳曰公喪戎路又曰其君之戎分爲二廣則諸侯戎路廣車也又曰帥斿闕四十乘孫子八陳有苹車之陳又曰馳車千乘五者之制及苹數未盡聞也書曰武王戎車三百兩故書苹作平杜子春云苹車當爲軿車其字當爲苹書亦或爲苹　釋曰云此五者皆兵車者以其廣闕之等皆在軍所用故知皆兵車云所謂五戎也者凡言所謂者謂他成文檢諸文不見更有五兵車爲五戎之文惟有月令季秋云以習五戎鄭彼注以五戎爲弓矢殳矛戈戟不爲五兵車解之則未知鄭所謂五戎者所謂何文或可鄭解彼五戎或爲此五兵解之以五戎之事無正文故鄭兩解之也云戎路王在軍所乘也者此言戎路則巾車所云革路即戎路故知戎路是王在軍所乘也若然此車僕惟掌五戎之萃其五戎之正不言所掌者巾車雖掌正戎之一其下四戎之正亦巾車掌之矣其廣車闕車苹輕四者所解無正文皆鄭據字以意釋之也云春秋傳者是莊九年齊魯戰於乾時我師敗績公喪戎路傳乘而歸又

曰下是宜十二年楚與晉戰於邲楚子爲乘廣三十乘分爲左右右廣雞鳴而駕日中而説左則受之日入而説楚子使潘黨率游闕四十乘從唐侯爲左拒欒武子曰楚君之戎分爲二廣是也云則諸侯戎路廣車也者以時楚雖僭號其兵車仍號爲廣故知餘諸侯兵車並以廣車爲之避天子不得以戎路也云又曰帥游闕四十乘者即是潘黨所帥者也云孫子八陳有苹車之陳者是孫子兵法有此言也云又曰馳車千乘者亦是兵書之言引之以證廣闕苹輕爲兵車之義也云五者之制及萃數未盡聞也務言未盡聞則亦有聞者其游闕四十乘及馳車千乘并戎車三百兩等略得少聞之其餘未聞故云未盡聞也書曰者是牧誓武王伐紂戰於牧野之事也

凡師共革車各以其萃 注五戎者共其一以爲王優尊者所乘也而萃各從其元

疏釋曰知戎惟共其一者案巾車王所乘惟革路而已即此上文戎路是也是王惟乘一路耳今此經不云革路

總云共革車則革車之言所含者多五戎皆是則王雖乘一路四路皆從是優尊所乘也去而華各從其元者元即五戎車之下皆云之萃明萃皆從其元可知

## 會同亦如之

注巡守及兵車之會則王乘戎路乘車之會王雖乘金路猶共以從不失備也　釋曰鄭知巡守及兵車之會王乘戎路者以戎僕云掌馭戎車凡巡守及兵車之會亦如之云乘車之會王雖乘金路猶共以從不失備也者上經凡師摠云共革車此文亦云共明無問巡守乘車之會皆從以不失備故也

## 大喪歛革車

注言興革車則遣車不徒戎路廣闕華輕皆有焉　釋曰經不云戎路革路而云革車亦是五戎之摠名故知不徒戎路廣闕華輕皆有可知若然王喪遣車九乘除此五乘之外加以金玉象木四者則九乘矣

## 大射共三乏

注鄭司農云乏讀爲匱乏之乏　釋曰乏一名容則射人云三獲三容是也以其爲革車用皮其乏亦用皮故因使

爲之若然直云大射共乏至於賓射燕射之等則亦使共乏矣舉大射尊者而言先鄭讀乏爲匱乏之乏者以其矢於侯匱乏之不去故讀從之

司常掌九旗之物名各有屬以待國事日月爲常交龍爲旂通帛爲旜雜帛爲物熊虎爲旗鳥隼爲旟龜蛇爲旐全羽爲旞析羽爲旌注物名者所畫異物則異名也屬謂徽識也大傳謂之徽號今城門僕射所被及亭長著絳衣皆其舊象通帛謂大赤從周正色無飾雜帛者以帛素飾其側白辦之正色全羽析羽皆五采繫之於旞旌之上所謂注旄於干首也凡九旗之帛皆用絳

釋曰鄭云所畫異物則異名也者案九旂之中有於物旌

旞之等不畫異物而鄭所摠云畫異物者鄭據名者而摠言之非謂九旂皆畫異物也云屬謂徽識也者謂在朝在軍所用小旌故以屬言之鄭引大傳者欲見此屬與大傳徽識爲一物則詩所云識文鳥章亦一物引今漢法欲見古有此物遺及漢時也云通帛謂大赤者巾車及明堂位皆明大赤也云從周正色無飾者以周建子物萌色赤今旌旂通體盡用絳之赤帛是用周之正色無他物之飾也云雜帛者以帛素飾其側白殷之正色者殷以建丑爲正物牙色白今用帛素飾其側者明以先王正道佐職故兼用白雜之也云全羽析羽皆五采繫之於旞旌之上者案序官夏采注云夏采夏翟羽色禹貢徐州貢夏翟之羽有虞氏以爲緌後世或無故染鳥羽象而用之謂之夏采若然冬官鍾氏染鳥羽是周法染鳥羽爲五色故鄭云皆五采羽繫之於旞旌之上云所謂注旄於干首也者言所謂者謂爾雅之文也若然則此旞旌非直有羽亦有旄故鄭引爾雅注旄以證旞旌明其兩有是以干旄詩云孑孑干

旌子子干旌鄭彼注云周禮孤卿建旃大夫建物首皆注旄焉明干首旄羽皆有之此雖據旞旌旄羽並有至於大常已下首皆有旄羽故需之臣子雖旃物而有旄羽則大常已下皆有明矣故夏采云乘車建綏復於四郊注綏以旄牛尾爲之綴於橦上王祀四郊乘玉路建大常今以之復去其旒異之於生是其旌首皆有旄之驗也云九旗之帛皆用絳者以周尚赤故爾雅云纁帛縿也案全羽析羽直有羽而無帛而鄭云九旗之帛者據衆有者而言或解以爲旞旌之下亦有旌旒而用絳帛也其旌之下旒以不用絳故爾雅云緇廣充幅長尋曰旐繼旐曰旆詩云白旆央央旆即左氏定四年傳云分康叔以少帛綪茷旃旌是旌旆色異也爾雅別云素錦綢杠素陞龍練旒九彼施於喪葬之旐也

及國之大閱贊司馬頒旗物王建大常諸侯建旂孤卿建旜大夫士建物師

都建旗州里建旟縣鄙建旐道車載旞

斿車載旌　釋曰案大司馬仲春教振旅仲夏教茇舍仲秋教治兵仲冬教大閱大閱謂仲冬無事大簡閱軍禮司常主旗物故贊司馬頒旗物也此九旗發首雖摠爲大閱而言其道車載旞斿車載旌非爲軍事也注仲冬教大閱司馬主其禮自王以下治民者旗畫成物之象王畫日月象天明也諸侯畫交龍一象其升朝一象其下復也　孤卿不畫言奉王之政教而已大夫士雜帛言以先王正道佐職也師都六鄉六遂大夫也謂之師都都民所聚也畫熊虎者鄉遂出軍賦象其守猛莫敢犯也州里縣鄙鄉遂之官互約言之鳥隼象其勇捷也龜蛇象其扞難辟害也道車象路也王以朝夕燕出入斿車木路也王以田以鄙全羽析羽五色象其文德也大閱王乘戎路　建大常焉玉路金路不出　釋曰案大司馬云主四時軍法故云司馬主其禮也云自王以下治

民者旗畫成物之象者謂自王以下至諸侯并鄉遂之官
是也云王畫日月象天明也者聖人與日月齊其明故旌
旗畫日月象之案桓二年臧哀伯云三辰旂旗昭其明也
三辰日月星則此大常之畫日月者也此直言日月不言
星者此舉日月其實兼有星也云諸侯畫交龍一象升朝
一象下復也者以衣服不言交龍直云衮龍則衣服直有
升龍無降龍以其天子之衣無日月星直有龍龍有升龍
降龍則諸侯不得與天子同故直有升龍也至於天子旌
旂有日月星辰故諸侯旌旂無日月星芇龍有升降也象
升朝天子象下復還國也云孤卿不畫者謂不畫異物帛
而已云言奉王之政教而已者以其直有時王政教故云
奉王之政教而已云大夫士雜帛者謂中央赤旁邊白白
是先王那之正色而在旁故云以先王正道佐職也云師
都六鄉六遂大夫也謂之師都都民之所聚也者以師衆
也都聚也主鄉遂民衆所聚故謂之師都也六鄉大夫皆
卿六遂大夫皆大夫也卿合建旃大夫合建物今摠建旗

以其領衆在軍爲將故同建熊虎之旗故鄭云畫熊虎者出遂出軍賦象其守猛莫敢犯也云州里縣鄙鄉遂之官者州是鄉之官里與縣鄙是遂之官故摠言鄉遂之官云互約言之者遂之里是下士得與鄉之州中大夫同建旟則知鄉之閭亦得與遂之縣同建旐也遂之鄙得與縣同建旐鄉之黨亦得與州同建旟可知是互也言約者鄉之族上從黨同建旟比上從閭同建旐也遂之酇上從鄙同建旐鄰上從里同建旟是約也但族師已下并鄙師已下皆是士官雖與在上大夫同建其刃數則短當三刃已下云鳥隼象其勇捷也者熊虎龜蛇皆二物相對則此鳥隼亦別物若然則鄭以勇解隼故王制云鷹隼摯然後罻羅設是隼勇也以捷解鳥鳥亦謂捷疾者也云龜蛇象其扞難避害也者龜有甲能扞難蛇無甲見人避之是避害也云道車象路也者案巾車云象路建大赤以朝朝所以行道故謂象路爲道車是以士冠記及郊特牲皆云牟追夏后氏之道章甫殷道委貌周道是其在朝服乘者皆從道

故知道車是象路但在朝則建大赤今以朝夕燕出入則建旞也鄭知斿車是木路者巾車云木路以田是斿樂之所囿人掌囿斿之獸禁是知斿車是木路也但正田獵時建大麾今以小小田獵及巡行縣鄙則建旞爲異耳云全羽析羽五色象其文德也者此羽是鍾氏所染鳥羽象翟羽而用故知皆五色以象文德也云大閱王乘戎路建大常焉玉路金路不出者鄭據此文大閱之時王乘戎路金玉之路不出其祀帝於郊及乘車之會金路玉路皆出也

皆畫其象焉官府各象其事州里各象其名家各象其號

釋曰上云旌旗之大此言旌旐之細者也云皆畫其象焉與下爲目此則官府已下三象是也

注

事名號者徽識所以題別衆臣樹之於位朝各就焉覲禮曰公侯伯子男皆就其旂而立此其類也或謂之事或謂之名或謂之號異外內也三者旌旗之細也士喪禮曰爲銘各以其

物七則以緇長半幅赬末長終幅廣三寸書名於末此蓋
其制也徽識之書則云某某之事某某之名某某之號今
大閱禮象而爲之兵凶事若有死事者亦當以相別也杜
子春云畫當爲書玄謂畫畫雲氣也異於在國軍事之飾
釋曰鄭云事名號者徽識者大傳云殊徽號昭公二十一
年宋廚人濮曰揚徽者公徒也是名徽也詩六月云識文
鳥章箋云識徽識是名識也今鄭合而言之故云徽識也
云所以題別衆臣者此經雖爲軍事而言而云題別衆臣
者亦據在朝位而言也故鄭即言樹之於位朝者各就焉
而引覲禮爲證也案覲禮秋覲在廟諸侯前期皆受舍於
朝文王廟外上介樹君之旂於位明日公侯伯子男入各
就其旂而立即此經象故云此其類古或謂之事或謂之
名或謂之號異外內也者官府在朝是內其州里在百里
二百里家在三百四百里五百里並是外也云三者旌旗
之細也者對上大常已下爲旌旗之大者也云士喪禮曰
爲銘各以其物者謂爲銘旌各以生時物王則大常已下

爲之云亡則以緇長半幅者謂不命之士生時無旌旗者
故云亡也以緇長半幅長一尺也云䞓末長終幅廣三
寸者以赤緇爲之長二尺廣三寸云書名於末者書死者
名於廣三寸之上云此蓋其制也者此在朝表朝位其銘
旌制亦如此案禮緯云天子之旌高九刃諸侯七刃大夫
五刃士三刃案士喪禮竹杠長三尺則死者以尺易刃天
子九尺諸侯七尺大夫五尺士三尺其旌身亦以尺易刃
也若然在朝及在軍綴之於身亦如此故云蓋其制也云
徽識之書則云某某之事者官府天官在軍當云大宰之
下某甲之事地官之下當云大司徒之下某甲之事餘四
官之下皆然云某某之名者此據州里而言假令六鄉之
下則言某鄉之下某甲之名若六遂之下當云某遂之下
某甲之名也云某某之號者此據都家之内假令三百里
大夫家之下當云某家之下某甲之號此三者則徧其徽
内矣云今大閱禮象而爲之者此在軍之旌綴於身大山
象銘旌及在朝者爲之云兵凶事者隱公傳云兵凶器戰

危事危事亦是凶事也杜子春破畫爲書後鄭不從還從
畫雲氣者案鄉射記云凡畫者丹質則射侯之等皆有畫
雲氣之法明此經所云畫者畫雲氣也云異於在國軍事
之飾者覲禮及銘旌皆不云畫以其在國質故也惟在軍
畫之故云軍事之飾文也**凡祭祀各建其旗**注王祭祀之車則三路釋曰鄭云
王祭祀之車則玉路者偏據王而言云乘玉路則建大常
經云各建其旗則諸侯已下所得路者有緣象之文諸侯
建旗大行人云建常九斿雖言常皆是交龍爲旂散文
通故名旂爲常孤卿則旜大夫則物故言各建其旗也**會**
**同賓客亦如之置旌門**注賓客朝覲宗遇王乘金路巡守兵車之會王乘戎
路皆建其大常掌舍職曰爲帷宮設旌門釋曰鄭知賓
客朝覲宗遇王乘金路者見齊僕云掌馭金路以賓又齊
右亦云會同賓客前齊車齊車即金路朝覲宗遇即會同
故揔以金路解之也知巡守兵車之會王乘戎路者以其

同是軍事故知亦皆乘戎路也知皆建其大常者此大閲
禮王建大常卽知巡守兵車之會皆建大常也云掌舍職
曰爲帷宮設旌門者彼注云謂王行晝
止則樹旌以爲門彼官樹之此官供旌　大喪共銘旌
注銘旌王則大常也士
喪禮曰爲銘各以其物　建廞車之旌及葬亦如
之　釋曰此謂在廟陳時建之謂以廞旌建於　注　葬云建
遣車之上及葬亦如之此謂入壙亦建之　之則行
廞車解說之　釋曰鄭云葬云建之則行廞車解說之者
此釋經及葬亦如之在廟陳時云建葬時亦建則惟有在
道去之使人各執遣車又當各
執廞旌是行廞車解說之也　凡軍事建旌旗
及致民置旗弊之　釋曰云凡軍事建旌旗者當大
司馬欲致衆之時司常建之此
言爲及　注　始置旗以致民民至仆之誅後至者　釋曰云
致而設　始置旗以致民者解經及致民置旗也又云民

至什之誅後至者釋經弊之**甸亦如之**釋曰上云軍事謂出軍征戰今此云甸謂四時田獵言亦如之者亦如上建旌及致與弊之也**凡射共獲旌**釋曰言凡射者言大射賓射及燕射皆共之**注**獲旌獲者所持旌不氏唱獲所持之旌　釋曰謂若大射服三侯皆有獲旌也**歲時共更旌**注取舊予新　釋曰謂受官旌旗用之者歲之四時來換易則司常取彼之舊與此之新也

**都宗人掌都祭祀之禮凡都祭祀致福于國**注都或有山川及因國無主九皇六十四民之祀王子弟則立其祖王之廟其祭祀王皆賜禽焉生其禮者警戒之糾其戒具其來致福則帥而以造祭僕　釋曰知都有山川者見祭法云山川丘陵能興雲雨諸侯在其地則祭無其地則不祭都祀畿内諸侯明亦祭境内山川也云及因國無主九皇六十四民之祀者案王制云天子

諸侯祭因國之在其地而無主後者注云謂所因之國先王先公有功德宜享世祀今絕無後爲之祭主者案史記伏羲已前九皇六十四民並已上古無名號之君絕世無後今宜主祭之也云王子弟則立其祖王之廟者左氏傳莊二十八年云邑有先君之主曰都明天子禮亦然故知都知王子弟有祖王之廟也云其祭祀王皆賜禽焉者見祭僕云王所不與則賜之禽都家亦如之玄謂王所不與同姓有先王之廟是賜禽法云其來致福則帥而造祭僕知者見祭僕云凡祭祀致福者展而受之是造祭僕之事

**正都禮與其服**

注禁督其違失者服謂衣服及宮室車旗　釋曰鄭云禁督其違失者解經正都禮禮中所含者多故揔以違失解之云服謂衣服及宮室車旗者解經與其服鄭幷言宮室車旗者經雖直舉其服服中可以兼宮室車旗是以下文家宗人兼言宮室車旗之禁注衣服之外揔須正之

**若有寇戎之事則保群**

神之壝注守山川丘陵墳衍之壇域　釋曰此經所云據寇戎從外而入故先保在郊之神位而言是以鄭云守山川丘陵墳衍之壇域也案小宗伯云兆山川丘陵於四郊彼雖不言墳衍墳衍之位亦在四郊皆須保之言壝者謂於中爲壇四畔爲壝舉壝則壇見矣國有大故則令禱祠既祭反命于國注令令都之有司也祭謂報塞也反命還白王　釋曰鄭知所令令有司者此都宗人是王家之官王命使禱祠是都內之事明所令令都內之有司有事於神者也云祭謂報塞也者凡祈福曰禱至於得福則曰祭當與正祭同名祭則是經言祭據報塞而言也云反命還白王者本以禱祠爲奉王命令祭訖反以王命還白於王故言還白王也

家宗人掌家祭祀之禮凡祭祀致福注大夫采

地之所祀與都同若先王之子孫亦有祖廟　釋曰鄭云大夫采地之所祀者則家止謂大夫不通公卿也故載師職云家邑任稍地小都任縣地大都任疆地是大夫采地稱家在三百里之內卿爲小都在四百里公爲大都在五百里則上都宗人所主是也言所祀與都同者據山川九皇六十四民在其地者云若先王之子孫亦有祖廟者亦如上都宗人但天子與諸侯禮異諸侯之卿大夫同姓邑有先君之主則曰都無曰邑天子之臣同姓大夫雖有先君之主亦曰邑也此不言凡家祭祀致福于國者舉都而言此家從可知　國有大故則令禱祠反命祭亦如之　注以王命令禱祠歸曰王於獲福又以王命令祭之還又反命　釋曰云則令禱祠反命者王以命令禱祠禱祠訖反命於王則與上文都宗人既祭反命于國爲一也此更言祭亦如之者與上異則此是禱祠訖王復更有命祭祭訖亦反命然彼此無異但文有詳略則彼亦有此王命更

祭之法文不具也

掌家禮與其衣服宮室車旗之禁令

注掌亦正也不言寇戎保羣神之壝則都家自保之都宗人所保者謂王所祀明矣　釋曰云掌亦正者都宗人云正故知此掌與彼正同云不言寇戎保羣神之壝則都家自保之者此鄭都家自解者鄭欲釋經二處互見其文何者彼經言若有寇戎之事則保羣神之壝者據王所命祀者而言則此家宗人亦有王所命祀者家宗人亦保之可知此家宗人不言寇戎保羣神之壝者是王所不祀家宗人自保之則都宗人亦有王不祀者都宗人自保之可知故鄭二者雙言之云都宗人所保者謂王所祀明矣者以王所不祀宗人不保之明宗人保者王所祀也

凡以神仕者掌三辰之灋以猶鬼神示之

居辨其名物 釋曰序官注云神士者男巫之俊知
是巫者此中掌三辰之法以猶鬼神
祇之居案外傳云在男曰覡在女曰巫使制神 注 猶圖也
之處位次主之度與此文合故知此神仕是巫 居謂坐
也天者羣神之精日月星辰其著位也以此圖天神人鬼
地祇之坐者謂布祭衆寡與其居句孝經說郊祀之禮曰
燔燎埽地祭牲繭栗或象天酒旗坐星厨倉具黍稷布席
極敬心也言郊之布席象五帝坐禮祭宗廟序昭穆亦又
有似虛危則祭天圜丘象北極祭地方澤象后妃及社稷
之席皆有明法焉國語曰古者民之精爽不攜貳者而又
能齊肅中正其知能上下比義其聖能光遠宣朗其明能
光照之其聰能聽徹之如是則神明降之在男曰覡在女
曰巫是之使制神之處位次主而為之牲器時服巫既知
神如此又能居以天法是以聖人用之今之巫祝既闇其
義何明之見何法之行正神不降或於淫厲苟貪貨食誣
遂人神令此道滅痛矣 釋曰云天者羣神之精日月星

辰其著位也者鄭以經直見三辰不言天者天體無形人
所不覩惟覩三辰故鄭云天者羣神之精日月星辰是其
著位者也云以此圖天神人鬼地祇之坐者謂布祭衆寡
與其居句者鄭意鬼神祇之居止是布祭於神神有衆寡
多少或居方爲之或句曲爲之也引孝經說郊祀者援神
契文敢問章云周公郊祀后稷以配天云郊祀之禮燔燎
埽地已下至敬心之言釋之也言郊之布席已下是鄭君
語云郊之布席象五帝坐者案天文有五帝坐星東方蒼
帝靈威仰南方赤帝赤熛怒中央黃帝含樞紐西方白帝
白招拒北方黑帝汁光紀各於其面是布神坐也云禮祭
宗廟序昭穆者者文二年大事於大廟毀廟之主陳於大
祖未毀廟之主皆升合食昭南面穆北面是人鬼之席坐
也云亦又有似虛危者虛危有墳墓四司又爲宗廟布席
象之故云又有似虛危也云則祭天圜丘象北極者北極
有三星則中央明者爲大一常居傍兩星爲臣子位焉云
祭地方澤象后妃者天有后妃四星天子象天后象地后

妃是其配合也云及社稷者又有天社之星祭社之位象焉故云及社稷之席之席之言結五帝已下也孝經說云祭牲薦栗者據祭地或象天酒旗坐星酒旗星名云厨倉具黍稷者厨倉亦星名言厨倉所以具黍稷以祭祀云在席極敬心也者摠結語也國語曰以下者欲見巫能制神之處位者心由精爽之意云精爽不攜貳者言其專一也云上下比義者上謂天神下謂地神能比方尊卑大小之義言聖能通知神意云神明降之者正謂神來降於其身言在男曰覡在女曰巫者男子陽有兩稱名巫名覡女子陰不變直名巫無覡稱言今之巳下欲言今世邪巫誑惑世間之事故鄭痛之

以冬日至致天神人鬼以夏日至致地示物鬽以禬國之凶荒民之札喪

釋曰言以冬日至夏日至此則大司樂云冬日至於地上之圜丘奏之若樂六變天神皆降夏日至於澤中之方丘奏之

地祇皆出是也但其時天之神地之祇皆降仍於注天人
祭天之明日更祭此等小神祇故於此別之也
陽也地物陰也陽氣升而祭鬼神陰氣升而祭地祇物鬼
所以順其為人與物也致人鬼於祖廟致物鬼於墠壇蓋
用祭天地之明日百物之神曰鬼春秋傳曰螭鬼魍魎杜
子春云禬除也玄謂此禬讀如潰癰之潰　釋曰鄭云天
人陽也地者此解冬日至祭天神人鬼之意以其陽故十一
月一陽生之月當陽氣升而祭之也云地物陰也者此解
夏日至祭地示之意以其陰故五月一陰生之日當陰氣
升而祭之也云所以順其為人與物也者各順陰陽而在
冬夏至也云致人鬼於祖廟致物鬼於墠壇此鄭惟釋人
鬼物鬼不言致天神之處者文略亦當在墠壇也云蓋用
祭天地之明日者當冬至夏至之日正祭天地之神示事
繁不可兼祭此等雖無正文鄭以意量之故云蓋用祭天
地之明日也云百物之神曰鬼春秋傳曰螭鬼魍魎者案
左氏宣公三年楚子問鼎之大小輕重王孫滿對曰夏之

方有德也遠方圖物貢金九牧鑄鼎象物故民入川澤山林不逢不若螭魅罔兩莫能逢之服氏注云螭山神獸形魅怪物罔兩木石之怪文十八年注螭山神獸形或曰如虎而噉虎或曰魅人面獸身而四足好惑人山林異氣所生爲人害如賈服義與鄭異鄭君則以螭彨爲一物故云百物之神曰彨引春秋螭彨以證之經無魍魎連引之以國語木石之怪夔魍魎賈服所注是也杜子春云襘除也後鄭云此襘讀如潰癰之潰者就足子春之義以其癰潰則膿血除故讀從之云此襘讀從潰言此以對彼彼大祝云類造襘禜之襘襘爲會合之義不爲潰也

# 周禮疏卷第三十二